池田《いけだ》大作《だいさく》先生《せんせい》ご夫妻《ふさい》

希望の虹《にじ》

世界の偉《い》人《じん》を語る

池田大作

聖教新聞社

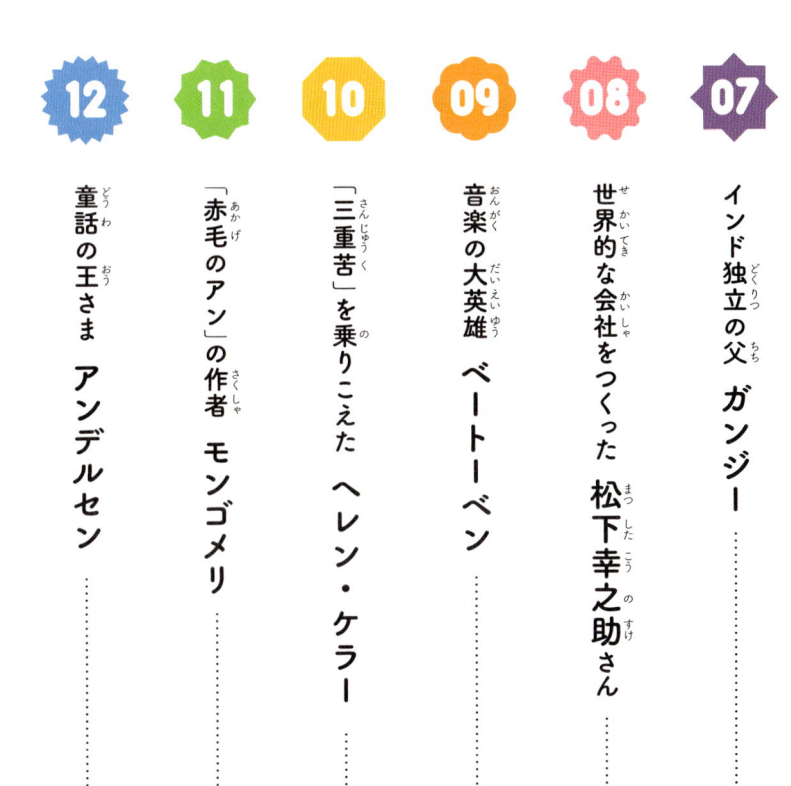

ブックデザイン／尾﨑強志

イラスト／中川貴雄

一、本書は、「少年少女きぼう新聞」に掲載された池田大作先生の「希望の虹――世界の偉人を語る」（2014年4月1日付～2017年3月1日付）から17編を、『希望の虹』としてまとめました。加筆・訂正したものもあります。

一、御書の御文は、『新編　日蓮大聖人御書全集』（創価学会版、第275刷）にもとづき、（御書〇〇ページ）と示しました。

一、肩書、名称等については、掲載時のままにしました。

一、引用・参考文献は、各編末にまとめて表記しました。

一、編集部による注は、（＝　）内に記しました。

01
喜劇王《きげきおう》 チャップリン
お母《かあ》さんを心《こころ》にもつ人《ひと》は強《つよ》い

虹《にじ》は、天《てん》からのおくりものです。

雨《あめ》がふった後《あと》、空《そら》に、赤《あか》・だいだい・黄《き》・緑《みどり》・青《あお》・あい・むらさきの7《なな》色《いろ》のきれいな光《ひかり》をはなちながら、大《おお》きな橋《はし》のようにかかります。

はじめて見《み》た時《とき》は、みなさんもおどろいたり、わくわくしたことでしょう。

私《わたくし》も、世界《せかい》のあの地《ち》この地《ち》で、友《とも》と虹《にじ》を見《み》た思《おも》い出《で》があります。

私《わたくし》が世界《せかい》への旅《たび》の中《なか》で最初《さいしょ》に訪《おとず》れたアメリカのハワイは、虹《にじ》がよく見《み》られる島《しま》です。ここには、「雨《あめ》がふるから虹《にじ》も出《で》る」という、ことわざもあります。いいことは、困難《こんなん》を乗《の》りこえてこそ、やってくるという意味《いみ》です。

正義《せいぎ》の心《こころ》をもち続《つづ》け、笑《わら》いと感動《かんどう》をおくったチャップリン

虹《にじ》は「希望《きぼう》」です。雨《あめ》にも嵐《あらし》にも負《ま》けない希望《きぼう》です。世界《せかい》の偉人《いじん》たちは、困難《こんなん》の嵐《あらし》を乗《の》りこえて、使命《しめい》の大空《おおぞら》に「希望《きぼう》の虹《にじ》」をかけてきました。これから、みなさんといっしょに学《まな》んでいきましょう。

イギリスの女優《じょゆう》のキエラ・チャップリンさんから、一通《いっつう》の手紙《てがみ》をいただいたことがあります。キエラさんは「喜劇《きげき》の王様《おうさま》」とよばれた、チャーリー・チャップリンのお孫《まご》さんです。

みなさんは、チャップリンは、どんな人《ひと》か知《し》っていますか?

チョビひげに、てっぺんが丸《まる》い黒《くろ》ぼうし、だぶだぶのズボンに、ぶかっこうなくつをはいて、ステッキをふりながら歩《ある》く。きどらない、ほほえま

しい紳士《しんし》の姿《すがた》で、世界中《せかいじゅう》の人《ひと》たちに笑《わら》いと感動《かんどう》を届《とど》けた、20世紀《せいき》の名優《めいゆう》です。

作《つく》った映画《えいが》の数《かず》は、80本《ぽん》をこえます。

私《わたくし》も大《だい》ファンです。人間《にんげん》を愛《あい》し、勇敢《ゆうかん》に信念《しんねん》をつらぬいて生《い》きたチャップリンのことを、折々《おりおり》に、世界《せかい》の友《とも》に語《かた》ってきました。

お孫《まご》さんも、そのことを「祖父《そふ》が知《し》れば、とても誇《ほこ》りに思《おも》うと確信《かくしん》します」と喜《よろこ》んでくれました。

じつは、私《わたくし》たちの少年部歌《しょうねんぶか》のタイトル「Be《ビー》 Brave《ブレイヴ》!（勇気《ゆうき》を出《だ》して!）」は、チャップリンの「街《まち》の灯《ひ》」という映画《えいが》にでてくる、はげましの言葉《ことば》でもあります。

チャーリー・チャップリンは、1889年4月16日、イギリスの首都《しゅと》ロ

ンドンで生《う》まれました。

お父《とう》さんのチャールズと、お母《かあ》さんのハナは、二人《ふたり》とも歌《うた》が上手《じょうず》で、劇《げき》場《じょう》の舞台《ぶたい》に出《で》ていました。お金持《かねも》ちとはいえませんでしたが、4歳年上《さいとしうえ》の兄《あに》シドニーと家族《かぞく》4人《にん》で楽《たの》しくくらしていました。

しかし、お父《とう》さんはお酒《さけ》ばかり飲《の》んで、そのうち家《いえ》を出《で》て行《い》ってしまい、お母《かあ》さんが一人《ひとり》、はたらいて兄弟《きょうだい》を育《そだ》てました。その無理《むり》が、体《からだ》をいためつけたのでしょう。

チャップリンが5歳《さい》になった時《とき》のことです。お母《かあ》さんは舞台《ぶたい》で歌《うた》を歌《うた》っていると、とつぜん声《こえ》が出《で》なくなってしまいました。

お客《きゃく》さんがおこって、大《おお》さわぎになりました。こまりはてた劇場《げきじょう》の支配《しはい》人《にん》は、かわりに息子《むすこ》を出《だ》してはどうか、と言《い》ったのです。

チャップリンは少年《しょうねん》のころから、明《あか》るくて、
やさしいお母《かあ》さんが大好《だいす》きでした

お母《かあ》さんのためならばと、チャップリンは勇気《ゆうき》を出《だ》して、舞《ぶ》台《たい》に立《た》ち、歌《うた》を歌《うた》いました。そのかわいらしさにお客《きゃく》さんは、大喜《おおよろこ》び。これが彼《かれ》の初舞台《はつぶたい》になりました。

お母《かあ》さんの声《こえ》は元《もと》に戻《もど》らず、歌《うた》の仕事《しごと》がなくなって、生活《せいかつ》はどんどん苦《くる》しくなりました。

しかし、どんなにびんぼうでも、お母《かあ》さんは明《あか》るく、やさしかった。服《ふく》を作《つく》ってくれました。子《こ》どもの前《まえ》で、おどったり、身《み》ぶり手《て》ぶりのパントマイムやおしばいも見《み》せてくれました。

それが、のちに、チャップリンが俳優《はいゆう》になって、かつやくするための、大《おお》きな力《ちから》になったのです。

どこの家《いえ》でも、お母《かあ》さんは太陽《たいよう》です。わが家《や》も、私《わたくし》が小学《しょうがく》2年生《ねんせい》の時《とき》、父《ちち》が病気《びょうき》でたおれ、生活《せいかつ》が大変《たいへん》になりました。けれども、母《はは》は「うちは、びんぼうのよこづなだよ」とほがらかに笑《わら》っていました。その声《こえ》が、家族《かぞく》を明《あか》るく勇気《ゆうき》づけてくれたのです。

チャップリンのお母《かあ》さんは、その後《ご》、重《おも》い病気《びょうき》になって入院《にゅういん》してしまいました。彼《かれ》はお兄《にい》さんと、まずしい子《こ》どものためのしせつへ入《はい》り、11歳《さい》の

ころから、印刷工場《いんさつこうじょう》ではたらくなど、いろんな仕事《しごと》をしなければなりませんでした。

でも、チャップリンは負《ま》けなかった。どんな大変《たいへん》な時《とき》も、〝自分《じぶん》は世界一《せかいいち》の俳優《はいゆう》になるんだ〟という夢《ゆめ》をあきらめず、努力《どりょく》をかさねました。その負《ま》けない心《こころ》の中《なか》には、あざやかな「希望《きぼう》の虹《にじ》」がかがやいていたのです。

やがて舞台《ぶたい》に出《で》るようになったチャップリンは、才能《さいのう》がみとめられ、アメリカに渡《わた》り、映画俳優《えいがはいゆう》となって大成功《だいせいこう》をおさめました。

しかし、どんなに有名《ゆうめい》になっても、チャップリンはお母《かあ》さんへの感謝《かんしゃ》を忘《わす》れませんでした。

「わたしがこの世界《せかい》でまがりなりにも成功《せいこう》できたとすれば、それはすべて母《はは》のおかげです」と。

やがて、ドイツではヒトラーという人物《じんぶつ》が、大《おお》げさな演説《えんぜつ》で人気《にんき》を得《え》て、権力《けんりょく》をうばい取《と》りました。そのころは世界中《せかいじゅう》で景気《けいき》が悪《わる》くなり、仕事《しごと》のない人《ひと》もあふれていて、人々《ひとびと》の不安《ふあん》につけこんでいったのです。

しかし、チャップリンは、ヒトラーのインチキを見《み》やぶり、戦争《せんそう》を起《お》こすのではないかと感《かん》じていました。

みんなを目覚《めざ》めさせなければ——彼《かれ》は正義《せいぎ》の行動《こうどう》を決意《けつい》します。

1939年の9月1日、ヒトラーは強力《きょうりょく》な軍隊《ぐんたい》で領土《りょうど》を広《ひろ》げ、第《だい》2次世《じせ》界大戦《かいたいせん》が始《はじ》まりました。

当時《とうじ》、私《わたくし》は11歳《さい》。今《いま》の皆《みな》さんと同《おな》じ年代《ねんだい》でした。

ヒトラーが起《お》こした戦争《せんそう》は、あっという間《ま》にヨーロッパ中《じゅう》に広《ひろ》がり、たくさんの命《いのち》がうばわれました。

チャップリンは、映画《えいが》を武器《ぶき》に平和《へいわ》への戦《たたか》いを開始《かいし》しました。

この映画《えいが》「独裁者《どくさいしゃ》」で、チャップリンはヒトラーと同《おな》じチョビひげ姿《すがた》で登場《とうじょう》します。そして最後《さいご》にヒトラーとはまったくちがう誠実《せいじつ》な言葉《ことば》で、〝独《どく》裁者《さいしゃ》の言《い》いなりになってはいけない！〟と演説《えんぜつ》をするのです。

「絶望《ぜつぼう》してはいけません」

「あなた方《がた》は、人生《じんせい》を自由《じゆう》で、美《うつく》しくまたすばらしい冒険《ぼうけん》にあふれたものにする力《ちから》を持《も》っています。ですから、民主主義《みんしゅしゅぎ》の名《な》の元《もと》にみんなの力《ちから》を集《あつ》め、ひとつの世界《せかい》を作《つく》ろうではありませんか」

そして、この大演説《だいえんぜつ》は、一人《ひとり》の女性《じょせい》に呼《よ》びかけて終《お》わります。

「人間《にんげん》の魂《たましい》には翼《つばさ》を与《あた》えられていたけれども、いまやっとはじめて空《そら》を舞《ま》いはじめた。にじの中《なか》へ、光《ひかり》の中《なか》へと」

「ハナ！　顔《かお》を上《あ》げて！」

そうです。10年前《ねんまえ》に亡《な》くなったお母《かあ》さんの「ハナ」という名《な》を、映画《えいが》のヒロインにつけたのです。

「お母《かあ》さん」を心《こころ》にもっている人《ひと》は強《つよ》い。負《ま》けない。「お母《かあ》さんのために」とがんばれば、必《かなら》ず正《ただ》しい道《みち》、勝利《しょうり》の道《みち》を進《すす》んでいけます。

どうか、みんなも、お母《かあ》さんを大切《たいせつ》に、お父《とう》さんも大切《たいせつ》にして、親孝行《おやこうこう》していってください。

そして、勉強《べんきょう》やスポーツ、自分《じぶん》の目標《もくひょう》に挑戦《ちょうせん》して、自分《じぶん》らしく「希望《きぼう》の虹《にじ》」をかけていってください。

その虹《にじ》が21世紀《せいき》の大空《おおぞら》にかかるのを楽《たの》しみにしています。

私《わたくし》にとって、一番《いちばん》の「希望《きぼう》の虹《にじ》」は、少年少女部《しょうねんしょうじょぶ》のみなさんです。

※引用および参考文献は、パム・ブラウン著『伝記　世界を変えた人々12　チャップリン』橘高弓枝訳（偕成社）、ラジ・サクラニー著『チャップリン』上田まさ子訳（佑学社）、G・サドゥール著『チャップリン』鈴木力衛・清水馨訳（岩波書店）。
絵・奥村かよこ

02 大学《だいがく》の創立者《そうりつしゃ》 福沢諭吉《ふくざわゆきち》

学《まな》べ、また学《まな》べ！ 学《まな》ぶ人《ひと》が偉《えら》い人《ひと》

みなさんは、本当《ほんとう》に「偉《えら》い人《ひと》」とは、どんな人《ひと》だと思《おも》いますか？

世《よ》の中《なか》では、いまだに有名人《ゆうめいじん》や人気《にんき》のある人《ひと》、お金持《かねも》ちや位《くらい》のある人《ひと》などが「偉《えら》い人《ひと》」として注目《ちゅうもく》されています。

でも、本当《ほんとう》にそうでしょうか？

福沢諭吉《ふくざわゆきち》という大教育者《だいきょういくしゃ》は、「偉《えら》い人《ひと》」とは「学《まな》ぶ人《ひと》（学問《がくもん》をする人《ひと》）」であると宣言《せんげん》しました。

この福沢諭吉《ふくざわゆきち》と語《かた》りあうような思《おも》いで、人間《にんげん》の「偉《えら》さ」と「学《まな》ぶ」ことの意義《いぎ》をいっしょに考《かんが》えていきましょう！

021　福沢諭吉

「ペンは剣《けん》よりも強《つよ》し」との信念《しんねん》で生《い》きぬいた福沢諭吉《ふくざわゆきち》。
創立《そうりつ》した慶応大学《けいおうだいがく》の図書館《としょかん》（旧館《きゅうかん》）のステンドグラスには、
今《いま》でも、この言葉《ことば》がラテン語《ご》で残《のこ》されています

福沢諭吉《ふくざわゆきち》の名前《なまえ》を初《はじ》めて聞《き》いたという人《ひと》も、その顔《かお》はどこかで見《み》たことがあるかもしれません。今《いま》の一万円札《いちまんえんさつ》に描《えが》かれている人物《じんぶつ》です。

日本《にほん》を代表《だいひょう》する私立大学《しりつだいがく》である慶応大学《けいおうだいがく》を創立《そうりつ》しました。

この慶応大学《けいおうだいがく》の病院《びょういん》は、東京《とうきょう》の信濃町《しなのまち》にあり、創価学会《そうかがっかい》の総本部《そうほんぶ》のご近《きん》所《じょ》になります。

「天《てん》は人《ひと》の上《うえ》に人《ひと》をつくらず、人《ひと》の下《した》に人《ひと》をつくらず」

これは、日本《にほん》が江戸時代《えどじだい》から明治時代《めいじじだい》へと変《か》わった直後《ちょくご》に、福沢諭吉《ふくざわゆきち》が書《か》いた『学問《がくもん》のすすめ』の始《はじ》まりの言葉《ことば》です。この本《ほん》は、当時《とうじ》、日本中《にほんじゅう》の十人《じゅうにん》に一人《ひとり》が読《よ》んだともいわれ、小学校《しょうがっこう》の教科書《きょうかしょ》としても使《つか》われました。

なぜ、諭吉《ゆきち》はこのようなことを書《か》き、それが、どうして、多《おお》くの人《ひと》の心《こころ》をつかんだのでしょうか？

それまでの江戸時代《えどじだい》には、「士農工商《しのうこうしょう》」という身分制度《みぶんせいど》があり、身分《みぶん》の上《じょう》下《げ》が決《き》められていました。生《う》まれた時《とき》から家《いえ》の階級《かいきゅう》にしばられ、差別《さべつ》されていたのです。

明治《めいじ》になって、みんなが平等《びょうどう》に生《い》きていく時代《じだい》が始《はじ》まりました。しかし、人《ひと》の心《こころ》はなかなか変《か》わりません。

そのなかで、諭吉《ゆきち》は『学問《がくもん》のすすめ』を通《とお》して、みんなに、はげましを送《おく》っていったのです。

この本《ほん》は、今《いま》まで〝学問《がくもん》〟したことのない人《ひと》でも読《よ》めるよう、やさしい言葉《ことば》で書《か》かれており、多《おお》くの人《ひと》が学《まな》び始《はじ》めるきっかけとなりました。

どんな人《ひと》でも勉強《べんきょう》すれば偉《えら》くなって、人々《ひとびと》の幸福《こうふく》のため、社会《しゃかい》の発展《はってん》のため、つくしていける。福沢諭吉《ふくざわゆきち》は、そういう時代《じだい》を願《ねが》って、教育《きょういく》に力《ちから》を

注《そそ》いでいったのです。

みんなに学問《がくもん》をすすめるくらいだから、きっと諭吉《ゆきち》は子《こ》どものころから勉強《べんきょう》が大好《だいす》きで、頭《あたま》がよかったんだろうな、と思《おも》う人《ひと》がいるかもしれません。

でも、じつは、諭吉少年《ゆきちしょうねん》は、勉強《べんきょう》が大《だい》きらいだったんです。

福沢諭吉《ふくざわゆきち》は、1835年、5人《にん》きょうだいの末《すえ》っ子《こ》として、お父《とう》さんの仕事先《しごとさき》だった大阪《おおさか》で生《う》まれました。

お父《とう》さんは九州《きゅうしゅう》の中津藩《なかつはん》（今《いま》の大分県《おおいたけん》）に仕《つか》える武士《ぶし》でした。まじめで、学問《がくもん》が好《す》きで、すぐれた人《ひと》でしたが、階級《かいきゅう》が低《ひく》かったので地位《ちい》が上《あ》がらず、家《いえ》はまずしかった。そのうえ、諭吉《ゆきち》が1歳《さい》の時《とき》、お父《とう》さんが病気《びょうき》で亡《な》

くなり、一家《いっか》は中津《なかつ》へ帰《かえ》ることになりました。

しかし、言葉《ことば》づかいなども違《ちが》って、引《ひ》っ越《こ》し先《さき》でのくらしになじめません。友《とも》だちができず、木登《きのぼ》りや水泳《すいえい》も苦手《にがて》でした。手先《てさき》が器用《きよう》で家《いえ》の手伝《てつだ》いをよくしましたが、本《ほん》を読《よ》むのは大《だい》きらいでした。

そんな諭吉少年《ゆきちしょうねん》にお母《かあ》さんは、お父《とう》さんが亡《な》くなる前《まえ》に「勉強《べんきょう》して立派《りっぱ》になってほしい」と願《ねが》っていたことを聞《き》かせたこともありました。

ようやく学校《がっこう》に通《かよ》うようになったのは14歳《さい》ごろ、今《いま》でいう中学生《ちゅうがくせい》のころです。まわりは自分《じぶん》より年下《としした》の子《こ》たちばかり。しかし、諭吉《ゆきち》は、負《ま》けじ魂《だましい》を燃《も》やして、むちゅうで勉強《べんきょう》しました。やってみるとおもしろくなり、みんながとちゅうで投《な》げ出《だ》してしまう、15巻《かん》もある中国《ちゅうごく》の歴史《れきし》の本《ほん》を、11回《かい》も読《よ》み返《かえ》したといいます。

このねばり強《づよ》さで、みんなに追《お》いつくだけでなく、だれにも負《ま》けない力《ちから》をつけていったのです。

勉強《べんきょう》は苦手《にがて》だなあ、好《す》きな科目《かもく》がないなあと思《おも》っている人《ひと》も、心《こころ》を決《き》めてまず一《ひと》つ、じっくり挑戦《ちょうせん》してみると、必《かなら》ずわかるようになります。そうすれば、がんばることが楽《たの》しくなる。

創価教育《そうかきょういく》の父《ちち》である牧口常三郎先生《まきぐちつねさぶろうせんせい》は、よく「学《がく》は光《ひかり》」と語《かた》られました。みんなの「学《まな》ぼう！」という心《こころ》が、のぼりゆく太陽《たいよう》のように光《ひかり》を放《はな》っていくのです。

江戸時代《えどじだい》の日本《にほん》が交流《こうりゅう》していた西洋《せいよう》の国《くに》は、オランダだけでした。その

ため、福沢諭吉《ふくざわゆきち》は19歳《さい》で長崎《ながさき》へ行《い》ってオランダ語《ご》を学《まな》び、西洋《せいよう》の学問《がくもん》をどんどん吸収《きゅうしゅう》していきました。

その後《ご》、大阪《おおさか》の緒方洪庵《おがたこうあん》という有名《ゆうめい》な学者《がくしゃ》のもと、「適塾《てきじゅく》」で猛勉強《もうべんきょう》しました。そこには、日本中《にほんじゅう》から最新《さいしん》の学問《がくもん》を求《もと》める青年《せいねん》が集《あつ》まり、みんな時間《じかん》をおしんで学《まな》びぬいたのです。

そうして力《ちから》をつけ、23歳《さい》で江戸《えど》（現在《げんざい》の東京《とうきょう》）へ出《で》て、オランダ語《ご》の塾《じゅく》を開《ひら》きました。

諭吉《ゆきち》は、ある日《ひ》、外国《がいこく》との貿易《ぼうえき》が少《すこ》しずつ始《はじ》まった横浜《よこはま》に行《い》きました。ところが、出会《であ》った外国人《がいこくじん》に話《はな》しかけても言葉《ことば》が通《つう》じない。店《みせ》にかかる外国語《がいこくご》のかんばんも読《よ》めない。

それもそのはず、見《み》るもの聞《き》くもの、オランダ語《ご》ではなく、英語《えいご》であふ

れていたのです。すでに時代《じだい》は変《か》わり、今《いま》まで勉強《べんきょう》してきたことが役《やく》に立《た》たない。大《おお》きな大《おお》きなショックでした。

けれども、くよくよと落《お》ちこんでいる諭吉青年《ゆきちせいねん》ではありませんでした。

〝こんどは英語《えいご》の勉強《べんきょう》だ〟——横浜《よこはま》から帰《かえ》った翌日《よくじつ》から、さっそく英語《えいご》を学《まな》び始《はじ》めたのです。

大変《たいへん》な時《とき》に負《ま》けない。「かべ」にぶつかったら、もっと力《ちから》を出《だ》して乗《の》りこえる。この勇気《ゆうき》の心《こころ》にこそ、希望《きぼう》の虹《にじ》はかがやきます。

そうして勉強《べんきょう》していくと、諭吉《ゆきち》は、英語《えいご》がオランダ語《ご》に似《に》ていることに気《き》づき、語学《ごがく》の力《ちから》をみがきました。

「苦労《くろう》して学《まな》んだことは、むだにはならない。必《かなら》ず役《やく》に立《た》つ」と、私《わたくし》の師匠《ししょう》である戸田城聖先生《とだじょうせいせんせい》も言《い》われていました。

その後《ご》、諭吉《ゆきち》は、江戸幕府《えどばくふ》の使節団《しせつだん》として、アメリカやヨーロッパへ行《い》き、進《すす》んだ文化《ぶんか》を学《まな》びに学《まな》びました。そして、みがき、きたえた英知《えいち》の力《ちから》をはっきして、時代《じだい》を動《うご》かしていったのです。

1868年、江戸時代《えどじだい》が終《お》わり、明治時代《めいじじだい》になった年《とし》のこと。新《あたら》しい政府《せいふ》の軍隊《ぐんたい》と、反対《はんたい》する人《ひと》たちとの間《あいだ》の戦《たたか》いが始《はじ》まりました。

この時《とき》、福沢諭吉《ふくざわゆきち》は、自《みずか》らが創立《そうりつ》した慶応義塾《けいおうぎじゅく》（現在《げんざい》の慶応大学《けいおうだいがく》）で、経済学《けいざいがく》の授業《じゅぎょう》をしていました。

ドカーン、ドドドーン！

遠《とお》くのほうで、大砲《たいほう》の音《おと》がひびきました。しかし諭吉《ゆきち》は、まったく動《どう》ずることなく、授業《じゅぎょう》を続《つづ》けました。心《こころ》には、ゆるぎない信念《しんねん》が燃《も》えていました。

「ペンは剣《けん》よりも強《つよ》し」

学問《がくもん》の力《ちから》は、武器《ぶき》の力《ちから》よりも強《つよ》い。新《あたら》しい時代《じだい》を開《ひら》く力《ちから》は、断《だん》じて学問《がくもん》であり、教育《きょういく》である、と。

慶応大学《けいおうだいがく》の図書館《としょかん》のステンドグラスには、今《いま》でも、この言葉《ことば》がラテン語《ご》で残《のこ》されています。

勉強《べんきょう》する人《ひと》が、偉《えら》い人《ひと》です。

努力《どりょく》する人《ひと》が、勝利者《しょうりしゃ》です。

その人《ひと》には、だれもかなわない。

みなさんのお父《とう》さんやお母《かあ》さんも、創価学会《そうかがっかい》という「学《まな》ぶ会《かい》」で、みんなを幸福《こうふく》にし、世界《せかい》を平和《へいわ》にしていく生命《せいめい》の大哲学《だいてつがく》を学《まな》び、実践《じっせん》しています。世界一偉《せかいいちえら》い人《ひと》だと、私《わたくし》は誇《ほこ》りに思《おも》っています。

みなさんは、その後継者《こうけいしゃ》です。

勉強《べんきょう》は、いつでも、どこでも始《はじ》められます。だれからでも、何《なに》からでも学《まな》ぶことができます。学《まな》んだことは、すべていかしていくことができます。

「学《がく》」は、栄光《えいこう》と勝利《しょうり》の道《みち》です。

さあ、きょうから、今《いま》から、偉大《いだい》な学《まな》びの道《みち》を歩《あゆ》み始《はじ》めよう！

一歩《いっぽ》また一歩《いっぽ》、一日《いちにち》また一日《いちにち》、ほがらかな負《ま》けじ魂《だましい》で！

※引用および参考文献は、浜野卓也著『福沢諭吉』（ポプラ社）、高山毅著『福沢諭吉』（講談社）、福沢諭吉著『新訂　福翁自伝』富田正文校訂（岩波書店）、福沢諭吉著『現代語訳　学問のすすめ』伊藤正雄訳（岩波書店）。
絵・本間幸子

03 看護《かんご》の母《はは》 ナイチンゲール

人《ひと》を喜《よろこ》ばせれば自分《じぶん》も楽《たの》しい

みなさんは、「さつき晴《ば》れ」という言葉《ことば》を聞《き》いたことがあるでしょう。

「さつき」とは、5月のこと。晴《は》れわたった5月の空《そら》は、じつにさわやかです。

5月の5日は、わが創価学会《そうかがっかい》の大切《たいせつ》な大切《たいせつ》な「後継者《こうけいしゃ》の日《ひ》」です。みなさんが「さつき晴《ば》れ」の青空《あおぞら》のような、かがやく心《こころ》で、大《おお》きく、のびのびと成長《せいちょう》していくことが、私《わたくし》の何《なに》よりの願《ねが》いです。

「後継者《こうけいしゃ》の日《ひ》」から一週間後《いっしゅうかんご》の5月12日は、「国際《こくさい》ナース・デー（国際看護《こくさいかんご》師《し》の日《ひ》）」です。これは〝看護《かんご》の母《はは》〟として尊敬《そんけい》されるフローレンス・ナイチンゲールの誕生日《たんじょうび》を記念《きねん》して決《き》められたものです。

ランプをもって病室《びょうしつ》を回《まわ》るナイチンゲール。彼女《かのじょ》のやさしさにふれ、ケガを負《お》った兵士《へいし》たちの心《こころ》は、温《あたた》かくなりました

創価学会《そうかがっかい》にも、看護《かんご》の仕事《しごと》をされている方《かた》の「白樺会《しらかばかい》」「白樺《しらかば》グループ」という集《あつ》まりがあります。

また、創価大学《そうかだいがく》の「看護学部《かんごがくぶ》」では、みなさんの先輩《せんぱい》たちが、一生《いっしょう》けんめいに学《まな》んでいます。

こうした方々《かたがた》のお手本《てほん》となっているのが、ナイチンゲールです。

ナイチンゲールは、1820年、イギリス人《じん》の父母《ちちはは》のもとに生《う》まれました。

イタリアの花《はな》の都《みやこ》フィレンツェで誕生《たんじょう》したので、その都《みやこ》の英語名《えいごめい》であるフローレンスと名《な》づけられました。

90年の生涯《しょうがい》で、人類《じんるい》に、健康《けんこう》と幸福《こうふく》の花《はな》をおくり続《つづ》けた、この偉大《いだい》な女性《じょせい》のことを、きょうは、いっしょに学《まな》んでいきましょう。

みなさんも、かぜをひいたり、ケガをしたりして、看護師《かんごし》さんに、お世《せ》話《わ》になったことがあると思《おも》います。大《だい》きらいな注射《ちゅうしゃ》の時《とき》も、看護師《かんごし》さんにやさしくはげましてもらって、がまんできた経験《けいけん》はありませんか？

おさないころから体《からだ》が強《つよ》くなかった私《わたくし》も、そうでした。

とくに戦争中《せんそうちゅう》、肺結核《はいけっかく》という病気《びょうき》をかかえながら、無理《むり》をして鉄工所《てっこうじょ》ではたらいていた時《とき》のことです。

ある日《ひ》、体《からだ》が重《おも》く苦《くる》しくて、たおれてしまいました。

その時《とき》、一人《ひとり》の看護師《かんごし》さんが、それはそれは親切《しんせつ》に、めんどうを見《み》てくださったのです。「ちゃんとした病院《びょういん》でみてもらいましょう」と手続《てつづ》きをし

て、仕事場《しごとば》から病院《びょういん》まで付《つ》き添《そ》ってくださいました。温《あたた》かいはげましの真《ま》心《ごころ》は忘《わす》れられません。今《いま》でも感謝《かんしゃ》の題目《だいもく》を送《おく》っています。

ナイチンゲールも、かん者《じゃ》さんを安心《あんしん》させ、勇気《ゆうき》づける、すばらしい人《ひと》柄《がら》の持《も》ち主《ぬし》でした。

ナイチンゲールの時代《じだい》の病院《びょういん》は、今《いま》からは想像《そうぞう》できないくらい、あちこちよごれていて、いやなにおいのする場所《ばしょ》でした。病人《びょうにん》の世話《せわ》は、だれもやりたがらない仕事《しごと》でした。

ナイチンゲールは、そのような時《とき》に、自分《じぶん》から進《すす》んで看護《かんご》に取《と》り組《く》みました。そして、看護師《かんごし》という仕事《しごと》を、だれからも尊敬《そんけい》される仕事《しごと》に変《か》えていったのです。

どうして、そんなことができたのでしょうか?

「人《ひと》が喜《よろこ》ぶことをしたら、その人《ひと》も自分《じぶん》も楽《たの》しく元気《げんき》になれる」という生《い》き方《かた》をつらぬいたからではないかと、私《わたくし》は思《おも》います。

ナイチンゲールの家《いえ》は裕福《ゆうふく》な家庭《かてい》でした。お母《かあ》さんはやさしい人で、よく、同《おな》じ村《むら》のこまっている人《ひと》に食《た》べ物《もの》を届《とど》けてあげたり、病気《びょうき》の人《ひと》のおみまいに行《い》ったりしていたようです。おさないナイチンゲールも、母《はは》を見習《みなら》って、近所《きんじょ》にいる病人《びょうにん》のお世話《せわ》をすることがありました。「ぐあいは、いかがですか？」と声《こえ》をかけ、薬《くすり》を飲《の》むのを手伝《てつだ》ってあげたのです。

そんなナイチンゲール自身《じしん》がかぜをひいてしまい、何日《なんにち》も高《たか》い熱《ねつ》にうなされた時《とき》は、日《ひ》ごろの彼女《かのじょ》の助《たす》けに感謝《かんしゃ》していた、たくさんの人《ひと》たちが、

村《むら》じゅうから、おみまいに来《き》てくれたといいます。

こうして、ナイチンゲールは、人《ひと》のためにつくすことに喜《よろこ》びを感《かん》じるようになり、「看護師《かんごし》」を、自分《じぶん》の一生涯《いっしょうがい》の仕事《しごと》にしようと思《おも》い始《はじ》めました。

しかし、じっさいに彼女《かのじょ》が看護《かんご》の仕事《しごと》を始《はじ》めることができたのは、30歳《さい》をすぎてからでした。家族《かぞく》の大反対《だいはんたい》にあったからです。

そもそも当時《とうじ》は、裕福《ゆうふく》な家《いえ》の女性《じょせい》がはたらくこと自体《じたい》が〝よくないこと〟とされていました。ましてや、苦労《くろう》の多《おお》い看護《かんご》の仕事《しごと》です。「看護師《かんごし》になりたい」と、ナイチンゲールが打《う》ち明《あ》けると、お母《かあ》さんは泣《な》き出《だ》し、お父《とう》さんだけでなく、お姉《ねえ》さんまで大反対《だいはんたい》しました。

でも、彼女《かのじょ》は決《けっ》してあきらめませんでした。熱心《ねっしん》に本《ほん》を読《よ》み、看護《かんご》の勉《べん》強《きょう》を続《つづ》けました。夢《ゆめ》に向《む》かって、試練《しれん》に負《ま》けず、何年《なんねん》も何年《なんねん》も努力《どりょく》をつみ

かさねたのです。

だんだん、味方《みかた》をしてくれる人《ひと》もふえ、お父《とう》さんの応援《おうえん》も勝《か》ち取《と》りました。そして仕事《しごと》を始《はじ》めると、それまでの勉強《べんきょう》を役《やく》だて、みんながおどろくような、看護《かんご》のゆき届《とど》いた最先端《さいせんたん》の病院《びょういん》づくりをリードしていったのです。

そんななか、イギリスと、ロシアとの間《あいだ》に戦争《せんそう》が始《はじ》まりました。新聞《しんぶん》からは、多《おお》くの兵士《へいし》たちが命《いのち》を落《お》とし、けがをしていることが伝《つた》わってきます。

ナイチンゲールは立《た》ち上《あ》がりました。彼女《かのじょ》は自分《じぶん》から願《ねが》い出《で》て、だれも行《い》きたがらない危険《きけん》な地域《ちいき》の、あれ果《は》てた病院《びょういん》に向《む》かったのです。その深《ふか》く尊《とうと》い決意《けつい》に、これまで反対《はんたい》しながらも見守《みまも》ってきた、お母《かあ》さんやお姉《ねえ》さんも心《こころ》を動《うご》かされ、応援《おうえん》してくれるようになりました。

病院《びょういん》は、けがをしたり、病気《びょうき》になったりした兵士《へいし》であふれていました。

薬《くすり》やベッドも満足《まんぞく》にありません。でも、心《こころ》を強《つよ》くきたえてきたナイチンゲールは、断《だん》じて負《ま》けませんでした。寝《ね》る間《ま》もおしんで看病《かんびょう》にあたりました。みんなが寝静《ねしず》まった夜《よる》も、ランプをもって病室《びょうしつ》を回《まわ》り、苦《くる》しんでいる人《ひと》がいれば、はげましていきました。

心《こころ》も体《からだ》も傷《きず》ついた兵士《へいし》たちは、ナイチンゲールが通《とお》るのを見《み》るだけで気《き》持《も》ちが安《やす》まり、よく眠《ねむ》れたそうです。

人々《ひとびと》は、その姿《すがた》を「ランプを持《も》った天使《てんし》」と呼《よ》んで、感謝《かんしゃ》しました。

こうして、「人《ひと》のために」がんばる看護師《かんごし》さんは、みなから尊敬《そんけい》される仕《し》事《ごと》になっていったのです。

日蓮大聖人《にちれんだいしょうにん》は「人《ひと》のために明《あ》かりをともせば、自分《じぶん》の前《まえ》も明《あか》るくなる」（御書《ごしょ》1598ページ、意味《いみ》）と、言《い》われています。

人《ひと》が喜《よろこ》ぶことをすれば、自分《じぶん》の心《こころ》も喜《よろこ》びでいっぱいになります。

みんなのお父《とう》さんやお母《かあ》さん、また近所《きんじょ》の学会員《がっかいいん》のみなさんも、同《おな》じ思《おも》いで、なやみがある人《ひと》に会《あ》いに行《い》き、話《はなし》を聞《き》いて一生《いっしょう》けんめい、はげましておられます。

自分《じぶん》がなやみで大変《たいへん》であっても、それでも人《ひと》のために行動《こうどう》します。時《とき》には、真心《まごころ》が理解《りかい》されず、悪口《わるくち》を言《い》われることもあります。でも、あきらめません。みんなで幸《しあわ》せになるために、ますます題目《だいもく》をとなえ、ますます元《げん》気《き》になって、また行動《こうどう》していきます。これが、創価《そうか》の生《い》き方《かた》なのです。

その後継者《こうけいしゃ》である少年少女部《しょうねんしょうじょぶ》のみなさんも、いつまでも、「人《ひと》のためにと

いう心《こころ》」「人《ひと》を思《おも》いやる心《こころ》」を持《も》ち続《つづ》けてください。

その心《こころ》には、「勝利《しょうり》の太陽《たいよう》」がのぼります。心《こころ》に「勝利《しょうり》の太陽《たいよう》」がかがやけば、自分自身《じぶんじしん》はもちろん、お父《とう》さんやお母《かあ》さん、おじいさんやおばあさん、周《まわ》りの友《とも》だち、さらには世界《せかい》の人《ひと》たちまで、明《あか》るく照《て》らしていくことができます。

さあ、元気《げんき》いっぱい自分《じぶん》の目標《もくひょう》に向《む》かって、いっしょに、がんばろうよ！

※参考文献は、エドワード・T・クック著『ナイティンゲール［その生涯と思想］Ⅰ』中村妙子訳（時空出版）、山主敏子著『児童伝記シリーズ8 ナイチンゲール』（偕成社）、パム・ブラウン著『伝記 世界を変えた人々5 ナイチンゲール』茅野美ど里訳（偕成社）。

絵・田中ケイコ

イギリスの子《こ》どもたちに話《はな》しかけながら、
いっしょに歩《ある》かれました
(1991年6月、ロンドン近郊《きんこう》)

04
南《みなみ》アフリカ　マンデラ元大統領《もとだいとうりょう》
苦難《くなん》は希望《きぼう》に変《か》えられる！

目標《もくひょう》に向《む》かってがんばる人《ひと》は、かがやいています。

みんなは、どんな目標《もくひょう》があるかな？

はりきって目標《もくひょう》を立《た》てたけど、「三日《みっか》ぼうず」でとぎれてしまったという人《ひと》もいるかもしれない。

でも、たとえ三日《みっか》でも、がんばったことは、それだけ前進《ぜんしん》できたということです。だから、また、きょうから、挑戦《ちょうせん》すればいいんだ。

あきらめないチャレンジのくりかえしのなかで、強《つよ》くなるんです。

本当《ほんとう》に強《つよ》い人《ひと》というのは、たおれない人《ひと》ではありません。何度《なんど》、たおれ

マンデラさんは人種《じんしゅ》による差別《さべつ》をなくすため、生涯《しょうがい》をかけて、正義《せいぎ》の戦《たたか》いを続《つづ》けました。1993年には、ノーベル平和賞《へいわしょう》を受賞《じゅしょう》しています

ても、また立《た》ち上《あ》がって、前《まえ》へ進《すす》んでいく人《ひと》です。

その人間《にんげん》の「真《しん》の強《つよ》さ」を示《しめ》し切《き》ってこられた偉人《いじん》が、私《わたくし》も尊敬《そんけい》する、南《みなみ》アフリカ共和国《きょうわこく》のネルソン・マンデラ元大統領《もとだいとうりょう》です。

マンデラさんの国《くに》・南《みなみ》アフリカは、長《なが》い間《あいだ》、まちがった法律《ほうりつ》で「白人《はくじん》が上《うえ》」「黒人《こくじん》が下《した》」と決《き》められていました。その国《くに》を、だれもが同《おな》じ人間《にんげん》として平等《びょうどう》に大切《たいせつ》にされ、だれもが夢《ゆめ》や目標《もくひょう》をもって生《い》きられる「虹《にじ》の国《くに》」に変《か》えることを目指《めざ》して、立《た》ち上《あ》がったリーダーが、マンデラ青年《せいねん》です。

そのために、いじめられ続《つづ》け、さらには、ろうごくに入《い》れられて自由《じゆう》をうばわれました。それでも、断《だん》じて負《ま》けませんでした。そして、自由《じゆう》を勝《か》ち取《と》り、黒人初《こくじんはつ》の大統領《だいとうりょう》となって、夢《ゆめ》を実現《じつげん》したのです。

多《おお》くの人《ひと》は、何十年《なんじゅうねん》も続《つづ》いてきた差別《さべつ》をなくすのは「無理《むり》だ」「むずかし

い」と思《おも》っていました。しかし、マンデラさんは「必《かなら》ずできる！」と、心《こころ》に決《き》めていました。

あきらめない人《ひと》には、希《き》望《ぼう》がある。希《き》望《ぼう》があるから、がんばれる。その人《ひと》が、まわりに希《き》望《ぼう》を広《ひろ》げるのです。

私《わたくし》は2度《ど》、お会《あ》いし、平《へい》和《わ》のために語《かた》りあいました。95歳《さい》で亡《な》くなられましたが、マンデラさんの笑《え》顔《がお》は、今《いま》も私《わたくし》たちの心《こころ》にかがやきわたっています。

1918年の7月18日、マンデラ少《しょう》年《ねん》は、南《みなみ》アフリカの小《ちい》さな村《むら》で生《う》まれました。外《そと》で友《とも》だちと遊《あそ》ぶのが大《だい》好《す》きな、元《げん》気《き》な男《おとこ》の子《こ》でした。

9歳《さい》のころ、お父《とう》さんが病気《びょうき》で亡《な》くなったため、お父《とう》さんの友人《ゆうじん》のところへあずけられました。お母さんや妹たちと、はなれてくらし、さびしい思《おも》いもしましたが、新《あたら》しい家族《かぞく》や友《とも》だちと仲《なか》よくなり、すくすくと成長《せいちょう》していきました。

しかし、そのころの南《みなみ》アフリカには、肌《はだ》の色《いろ》のちがいによる差別《さべつ》がありました。それは、マンデラさんの青年時代《せいねんじだい》に「アパルトヘイト」という、もっときびしい「国《くに》のきまり」になってしまいます。

白人《はくじん》と黒人《こくじん》は、同《おな》じ所《ところ》に住《す》めない。結婚《けっこん》できない。黒人《こくじん》は教育《きょういく》も満足《まんぞく》に受《う》けられず、政治《せいじ》にも参加《さんか》できませんでした。レストランや乗《の》り物《もの》やトイレも別々《べつべつ》。「黒人《こくじん》と犬《いぬ》は立《た》ち入《い》り禁止《きんし》」という、ひどい、ひょうしきが立《た》っている場所《ばしょ》もありました。

豊《ゆた》かな自然《しぜん》や生《い》き物《もの》に囲《かこ》まれ、真《ま》っすぐに育《そだ》ったマンデラ少年《しょうねん》。
ここから、「みんなで助《たす》けあう心《こころ》」を学《まな》んでいきます

マンデラ青年《せいねん》は、こうした差《さ》別《べつ》を目《ま》の当《あ》たりにし、多《おお》くの正《せい》義《ぎ》の友《とも》と語《かた》りあいながら、平等《びょうどう》を勝《か》ち取《と》るために、力《ちから》をつけていきます。

学《まな》びに学《まな》んで弁護士《べんごし》となり、苦《くる》しんでいる人《ひと》によりそいながら、行動《こうどう》を開始《かいし》しました。そして〝すべての南《みなみ》アフリカ国民《こくみん》の権利《けんり》を守《まも》ろう〟と人々《ひとびと》に呼《よ》びかけ、連帯《れんたい》を広《ひろ》げていったのです。

しかし——白人《はくじん》の政府《せいふ》は、人々《ひとびと》が団結《だんけつ》するのをおそれました。抗議《こうぎ》をするために集《あつ》まった、武器《ぶき》を持《も》たない人々《ひとびと》に向《む》かって、警官《けいかん》が銃《じゅう》をうち、死《し》人《にん》やけが人《にん》が出《で》るような、悲《かな》しい事件《じけん》も起《お》こりました。

世《よ》の中《なか》がくるっている時《とき》は、正義《せいぎ》の人《ひと》がいじめられます。

太平洋戦争中《たいへいようせんそうちゅう》、民衆《みんしゅう》の幸福《こうふく》を訴《うった》えた創価学会《そうかがっかい》の初代会長《しょだいかいちょう》・牧口常三郎《まきぐちつねさぶろう》先《せん》生《せい》、第《だい》2代会長《だいかいちょう》の戸田城聖先生《とだじょうせいせんせい》も、正《ただ》しいゆえに、ろうごくに入《い》れられました。それでも、お二人《ふたり》は信念《しんねん》をつらぬき通《とお》して、牧口先生《まきぐちせんせい》は、ろうごくで亡《な》くなられたのです。

1962年、マンデラさんたちもまた、国家《こっか》にさからった罪《つみ》でたいほされ、裁判《さいばん》にかけられました。

マンデラさんは、そこで堂々《どうどう》と主張《しゅちょう》しました。

――南《みなみ》アフリカは、そこに住《す》むすべての人々《ひとびと》のためのものであり、この理想《りそう》のために私《わたくし》は生《い》きぬく。理想《りそう》を実現《じつげん》するためなら、私《わたくし》は死《し》ぬこともおそれない、と。

判決《はんけつ》は、刑務所《けいむしょ》から一生《いっしょう》、出《で》られないという「終身刑《しゅうしんけい》」。マンデラさんが46歳《さい》の時《とき》のことでした。

刑務所《けいむしょ》の生活《せいかつ》は、ひどいものでした。体《からだ》の大《おお》きさにあわない服《ふく》に、そまつな食事《しょくじ》。ひとりぼっちにさせられ、お母《かあ》さんが亡《な》くなっても、息子《むすこ》を事《じ》故《こ》で亡《な》くしても、お葬式《そうしき》にいけませんでした。

それでもマンデラさんは、屈《くっ》しませんでした。大変《たいへん》になればなるほど、ほがらかでした。

なぜなら、「苦難《くなん》は希望《きぼう》に変《か》えられる」と信《しん》じていたからです。

マンデラさんは、ろうごくに入《はい》っていた時《とき》も、「通信教育《つうしんきょういく》」で、大学《だいがく》の勉《べん》強《きょう》をしていきました。たくさんの本《ほん》も読《よ》み続《つづ》けました。人間《にんげん》は、どんな環《かん》境《きょう》でも学《まな》ぶことができるのです。その姿《すがた》は、困難《こんなん》ななかで学《まな》ぶ人たちにとって、大《おお》きなはげましとなっています。そうしたマンデラさんの生《い》き方《かた》に、見《み》はり役《やく》の看守《かんしゅ》たちでさえ、味方《みかた》に変《か》わっていきました。

入獄《にゅうごく》して16年後《ねんご》、マンデラさんは、ようやく娘《むすめ》のゼニさんと面会《めんかい》できました。彼女《かのじょ》は産《う》んだばかりの赤《あか》ちゃん、つまり、マンデラさんの孫《まご》を連《つ》れてきて、名前《なまえ》をつけてほしいと頼《たの》みました。

彼《かれ》がつけた名前《なまえ》は「ザジウェ」。「希望《きぼう》」という意味《いみ》でした。この子《こ》が大《おお》きくなるころには、差別《さべつ》がむかし話になり、みんなが仲《なか》よくくらす「虹《にじ》の国《くに》」になっているという希望《きぼう》を、その名《な》にたくしたのです。

池田先生《いけだせんせい》は、マンデラさんと
差別《さべつ》のない世界《せかい》をつくるために語《かた》りあわれました
（1990年10月、東京《とうきょう》）

断《だん》じて正義《せいぎ》の戦《たたか》いをやめないマンデラさんをはじめ、南《みなみ》アフリカの民衆《みんしゅう》の戦《たたか》いは世界《せかい》の人々《ひとびと》の知《し》るところとなり、政府《せいふ》へ、ひなんの声《こえ》が続々《ぞくぞく》とあがりました。その声《こえ》におされて、政府《せいふ》はついに、マンデラさんをかいほうすることにしました。

じつに27年半《ねんはん》、1万日《まんにち》におよぶろうごくでの戦《たたか》いを勝《か》ちこえ、1990年2月11日に、マンデラさんは新《あら》たな一歩《いっぽ》をふみ出《だ》しました。

この日《ひ》は、私《わたくし》の師匠《ししょう》である戸田先生《とだせんせい》のお誕生日《たんじょうび》でもあったので、私《わたくし》もひときわうれしく、そのニュースに大拍手《だいはくしゅ》を送《おく》りました。

マンデラさんは、その後《ご》、応援《おうえん》してくれた方々《かたがた》への感謝《かんしゃ》を伝《つた》えるために、世界《せかい》を回《まわ》りました。

初《はじ》めてお会《あ》いしたのは、この年《とし》の10月《がつ》。「日本《にほん》に行《い》ったら、ぜひ池田名誉《いけだめいよ》

会長《かいちょう》にお会《あ》いしなければと思《おも》っていました」と訪《たず》ねてきてくださったのです。私《わたくし》は、多《おお》くの青年《せいねん》たちと熱烈《ねつれつ》に歓迎《かんげい》しました。平和《へいわ》と正義《せいぎ》の語《かた》らいがはずみ、72歳《さい》のマンデラさんは「英知《えいち》の思想《しそう》は不滅《ふめつ》です」と出会《であ》いを喜《よろこ》ばれて、私《わたくし》たちは固《かた》い友情《ゆうじょう》を結《むす》びました。

生《い》きているかぎり、希望《きぼう》はあります。希望《きぼう》がなくなる時《とき》は、自分《じぶん》で自分《じぶん》のことを「もうダメだ」とあきらめた時《とき》だけです。

苦《くる》しみだって、成長《せいちょう》するためのバネになる。もしも、希望《きぼう》がなければ、自分《じぶん》で希望《きぼう》をつくろう！　見《み》つけよう！

マンデラさんは叫《さけ》びました。

「人生最大《じんせいさいだい》の栄光《えいこう》は一度《いちど》も転《ころ》ばないことではなく、転《ころ》ぶたびに立《た》ち上《あ》がることにある」と。

ししの子《こ》のみなさんが一人《ひとり》ももれなく、希望《きぼう》あふれる人生《じんせい》を歩《あゆ》みゆくことを私《わたくし》は信《しん》じています。

日蓮大聖人《にちれんだいしょうにん》は、「冬《ふゆ》は必《かなら》ず春《はる》となる」（御書《ごしょ》1253ページ）とはげまされています。

君《きみ》よ、あなたよ、平和《へいわ》な未来《みらい》の春《はる》を呼《よ》ぶ、希望《きぼう》の太陽《たいよう》たれ！

※マンデラの言葉は、『ネルソン・マンデラ　未来を変える言葉』長田雅子訳（明石書店）から。参考文献は、『自由への長い道——ネルソン・マンデラ自伝〈上・下〉』東江一紀訳（日本放送出版協会）、パム・ポラック&メグ・ベルヴィソ著『ネルソン・マンデラ　自由へのたたかい』伊藤菜摘子訳（ポプラ社）ほか。

絵・本間幸子

少女《しょうじょ》から小《ちい》さな花《はな》のプレゼントをもらいました
(1981年5月、ドイツ)

05

作家《さっか》 樋口《ひぐち》一葉《いちよう》

みんな「いいところ」がある

みんなには、これをがんばろうと決《き》めているものはありますか。がんばろうというものが、まだないという人《ひと》もいるかもしれない。

これからでよいから、何《なに》か一《ひと》つ決《き》めて挑戦《ちょうせん》することは、大《おお》きな成長《せいちょう》のチャンスになることでしょう。

自分《じぶん》がいいなと思《おも》えるものでいいんだよ。好《す》きなことや、とくいなことは一人《ひとり》一人《ひとり》ちがうからね。

みんな、自分《じぶん》だけの、自分《じぶん》にしかない「いいところ」が必《かなら》ずある。それも、いっぱいあるんだ。

まずしいなかで努力《どりょく》をかさね、日本《にほん》の女性《じょせい》で初《はつ》の職業作家《しょくぎょうさっか》となった樋口《ひぐち》一葉《いちよう》。24年の生涯《しょうがい》のうちに、多《おお》くの小説《しょうせつ》と随筆《ずいひつ》、和歌《わか》、日記《にっき》を残《のこ》しました

江戸《えど》時代《じだい》から明治時代《めいじじだい》に大《おお》きく変《か》わった世《よ》の中《なか》で、「自分《じぶん》の『いいところ』は、いろいろなお話《はなし》を作《つく》って、文章《ぶんしょう》を書《か》くこと」と気《き》づいた、一人《ひとり》の女性《じょせい》がいました。

樋口一葉《ひぐちいちよう》という人《ひと》です。今《いま》の五千円札《ごせんえんさつ》に印刷《いんさつ》されているから、みなさんも顔《かお》を見《み》たことがあるかもしれません。

一葉《いちよう》は「小説《しょうせつ》」を、いくつも書《か》き、日本文学《にほんぶんがく》の名作《めいさく》を残《のこ》しました。その作品《さくひん》は、もともとは、むかしの言葉《ことば》づかいで書《か》かれていますが、小学生向《しょうがくせいむ》けに読《よ》みやすくした本《ほん》もあります。

樋口一葉《ひぐちいちよう》は、1872年（明治《めいじ》5年）、東京《とうきょう》で生《う》まれました。私《わたくし》たち創価《そうか》

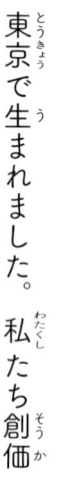

学会《がっかい》の初代会長《しょだいかいちょう》である牧口常三郎先生《まきぐちつねさぶろうせんせい》は1871年の生《う》まれなので、一葉《いちよう》よりも一《ひと》つ年上《としうえ》です。

一葉《いちよう》とはペンネームで、本名《ほんみょう》は奈津《なつ》。「なっちゃん」です。

家庭《かてい》のつごうで、住《す》む家《いえ》を何度《なんど》も変《か》えねばなりませんでした。

4歳《さい》から9歳《さい》の少女時代《しょうじょじだい》、また本格的《ほんかくてき》に小説《しょうせつ》に取《と》り組《く》んだ、18歳《さい》から亡《な》くなる24歳《さい》までのほとんどの時期《じき》を、現在《げんざい》の東京《とうきょう》・文京区《ぶんきょうく》でくらしました。

文京区《ぶんきょうく》は、私《わたくし》にとって若《わか》き日《ひ》から、多《おお》くの友《とも》と「前進《ぜんしん》」を合言葉《あいことば》に学会《がっかい》活動《かつどう》に走《はし》った、なつかしい天地《てんち》です。ああ、このあたりで、樋口一葉《ひぐちいちよう》が家《か》族《ぞく》とくらし、一生《いっしょう》けんめいに小説《しょうせつ》を書《か》いていたんだと、思《おも》いをめぐらせたこともあります。

なっちゃん、すなわち一葉《いちよう》は、勉強《べんきょう》が大好《だいす》きでした。小学校《しょうがっこう》を卒業《そつぎょう》した

ら進学《しんがく》して、もっと勉強《べんきょう》したいと願《ねが》っていました。でも、そのころは「女《じょ》性《せい》に学問《がくもん》はいらない」と考《かんが》える人《ひと》が多《おお》い時代《じだい》でした。裁《さい》ほうや料理《りょうり》が上手《じょうず》になって、早《はや》く結婚《けっこん》して家庭《かてい》をつくることがよいといわれていたのです。

一葉《いちよう》のお母《かあ》さんも、そういう考《かんが》えを持《も》っていたので、一葉《いちよう》は進学《しんがく》させてもらえませんでした。深《ふか》く悲《かな》しんでいる一葉《いちよう》を見《み》て、お父《とう》さんは、学校《がっこう》のかわりに「和歌《わか》」を勉強《べんきょう》する塾《じゅく》に通《かよ》わせてくれました。

「和歌《わか》」というのは、おもに、ひらがなで数《かぞ》えて、「5文字《もじ》・7文字《もじ》・5文字《もじ》・7文字《もじ》・7文字《もじ》」というルールにあわせ、自然《しぜん》や気持《きも》ちなどを表現《ひょうげん》する、日本《にほん》の伝統的《でんとうてき》な詩《し》です。言葉《ことば》がリズムにのって、心《こころ》から心《こころ》に、すっと届《とど》きます。

私《わたくし》も、師匠《ししょう》である戸田城聖先生《とだじょうせいせんせい》から、はげましの和歌《わか》をいただきまし

た。

　私《わたくし》からも、先生《せんせい》に決意《けつい》と感謝《かんしゃ》の和歌《わか》をおくりました。


　14歳《さい》で和歌《わか》の塾《じゅく》に通《かよ》い始《はじ》めた一葉《いちよう》はすぐ気《き》がつきました。生徒《せいと》がみんな、きれいな着物《きもの》を着《き》た、お金持《かねも》ちや有名《ゆうめい》な家《いえ》のおじょうさんだったのです。人力車《じんりきしゃ》に乗《の》ってくる人《ひと》もいました。

　一葉《いちよう》も、せいいっぱい、身《み》なりをととのえましたが、まわりの人《ひと》たちのような、はなやかな着物《きもの》は、家《いえ》にはありませんでした。

　一葉《いちよう》は落《お》ちこんでしまいました。しかし、自分《じぶん》を塾《じゅく》に通《かよ》わせてくれているお父《とう》さんや、苦労《くろう》して育《そだ》ててくれているお母《かあ》さん、また、妹《いもうと》のことを思《おも》いました。

着《き》ているものでは、人間《にんげん》のねうちは決《き》まらない！――一葉《いちよう》は、気持《きも》ちをきりかえて、一生《いっしょう》けんめいに勉強《べんきょう》を続《つづ》けました。

みんなが、一年《いちねん》のうちで一番《いちばん》きれいに着《き》かざってくる新年《しんねん》の歌《うた》の会《かい》にも、一葉《いちよう》はお母《かあ》さんが用意《ようい》してくれた、古着《ふるぎ》をぬい直《なお》した着物《きもの》で出席《しゅっせき》しました。そして、60人《にん》以上《いじょう》の出席者《しゅっせきしゃ》の中《なか》で、すばらしい和歌《わか》を作《つく》り、みごとに第《だい》1位《い》の成績《せいせき》をとったのです。

このことで、一葉《いちよう》は自信《じしん》を持《も》つことができました。しっそな身《み》なりをしていても、少《すこ》しもはずかしくありませんでした。自分《じぶん》には、すばらしい和《わ》歌《か》を作《つく》ることができるという「いいところ」がある。そう思《おも》った一葉《いちよう》は、自分《じぶん》の長所《ちょうしょ》をもっともっと伸《の》ばして、物語《ものがたり》を書《か》く仕事《しごと》をしたいと考《かんが》えたのです。

じつは、彼女《かのじょ》の時代《じだい》には、そういう仕事《しごと》をしている女性《じょせい》は、まだ一人《ひとり》もいませんでした。一葉《いちよう》は、日本《にほん》の女性《じょせい》で初《はじ》めての「職業作家《しょくぎょうさっか》（小説《しょうせつ》を書《か》くことを仕事《しごと》にして生活《せいかつ》する人《ひと》）」なのです。

新《あたら》しい時代《じだい》の先頭《せんとう》に立《た》つ人《ひと》は、きまって苦労《くろう》の連続《れんぞく》です。一葉《いちよう》にもその後《ご》、お兄《にい》さんとお父《とう》さんが続《つづ》けて亡《な》くなるなど、たくさんの苦難《くなん》がありました。書《か》くだけでは家《いえ》をささえられず、ほかにも仕事《しごと》をしなければなりませんでした。

それでも彼女《かのじょ》は「負《ま》けじ魂《だましい》」を燃《も》やしました。たくさんの本《ほん》を読《よ》みたかったので図書館《としょかん》に通《かよ》い、学《まな》びに学《まな》んで、すばらしい物語《ものがたり》を書《か》き続《つづ》けま

した。

有名《ゆうめい》な『たけくらべ』という作品《さくひん》は、下町《したまち》で、みんなよりも少《すこ》し年上《としうえ》の男《おとこ》の子《こ》や女《おんな》の子《こ》が成長《せいちょう》していく姿《すがた》をえがいたものです。一葉《いちよう》は、大変《たいへん》な生《せい》活《かつ》のなかで見《み》たり聞《き》いたりしたことを、物語《ものがたり》に生《い》かしていきました。苦《くる》しいことや悲《かな》しいことも、ぜんぶ宝物《たからもの》に変《か》えていったのです。

彼女《かのじょ》は残念《ざんねん》ながら、24歳《さい》の若《わか》さで、病気《びょうき》で亡《な》くなりました。でも、そのみじかい人生《じんせい》のなかで、のちの時代《じだい》まで人々《ひとびと》に愛《あい》される、自分《じぶん》にしか書《か》けない作品《さくひん》を生《う》み出《だ》したのです。

樋口一葉《ひぐちいちよう》は、こんな言葉《ことば》を残《のこ》しています。

「この世《よ》に生《せい》をうけた人間《にんげん》は、貧富貴賤《ひんぷきせん》（＝まずしかったり豊《ゆた》かだったり、身《み》分《ぶん》や位《くらい》が高《たか》かったり低《ひく》かったり）の違《ちが》いはあっても、すべて同《おな》じ人間《にんげん》であることには変《か》わりはない」

その通《とお》りです。

仏法《ぶっぽう》では、「桜梅桃李《おうばいとうり》」という言葉《ことば》があります。「桜《さくら》、梅《うめ》、桃《もも》、李《すもも》、どれも花《はな》の形《かたち》はちがうけれど、それぞれが、それぞれにしかない美《うつく》しさを持《も》っている」という意味《いみ》です。

そして、その美《うつく》しさを最大《さいだい》に自分《じぶん》らしくかがやき光《ひか》らせていく力《ちから》が、正《ただ》しい信心《しんじん》なのです。

みんな、それぞれに「いいところ」があります。だから、自分《じぶん》と人《ひと》をくらべて、うらやましく思《おも》う必要《ひつよう》などありません。

がんばっても、がんばっても、なかなか、うまくいかない。自分《じぶん》の「いいところ」なんてわからない——そんな時《とき》は、題目《だいもく》を唱《とな》えてみてください。題目《だいもく》を唱《とな》えれば、元気《げんき》が出《で》てきます。自信《じしん》がつきます。そして、よし、がんばってみようという勇気《ゆうき》がわいてきます。

「ありのまま」になやみ、祈《いの》り、また胸《むね》をはって挑戦《ちょうせん》していく——そうすることで、自分《じぶん》の心《こころ》がみがかれる。心《こころ》の中《なか》の宝物《たからもの》が光《ひか》っていく。きみの、あなたの「いいところ」が、必《かなら》ず見《み》えてくるのです。

みなさんの「いいところ」は、たくさんある。友《とも》だちにも「いいところ」がたくさんある。だから、仲《なか》よく、はげましあって、その「いいところ」を大《おお》いに伸《の》ばしていってほしいんだ。

「いいところ」とは、何《なに》かができることだけではありません。

失敗《しっぱい》をおそれない「勇気《ゆうき》」があれば、すごいことです。お父《とう》さんやお母《かあ》さん、まわりの人《ひと》のことを「思《おも》いやる心《こころ》」を持《も》っていれば、それもまたすばらしいことです。

樋口一葉《ひぐちいちよう》は〝心《こころ》にはダイヤモンドがある〟とも言《い》っています。

みんなも、自分《じぶん》の心《こころ》のダイヤモンドを見《み》つけよう！

そして、そのダイヤモンドを大事《だいじ》にして、キラキラと、かがやかせていこうよ！

※樋口一葉の言葉は、『完全現代語訳　樋口一葉日記』高橋和彦訳（アドレエー）から。参考文献は、真鍋和子著『樋口一葉』（講談社）、樋口一葉著『たけくらべ』（集英社）。

絵・田中ケイコ

06

発明王《はつめいおう》　エジソン

最後《さいご》まであきらめない人《ひと》が勝《か》つ

人類《じんるい》は「発見《はっけん》」「発明《はつめい》」とともに、よい方向《ほうこう》に進《すす》んできました。

エジソンは、19世紀《せいき》から20世紀《せいき》にかけて、次《つぎ》から次《つぎ》へ、たくさんの発明《はつめい》をして、この世界《せかい》を明《あか》るく、便利《べんり》に変《か》えた人《ひと》です。

「電灯《でんとう》」や「電話《でんわ》」、録音《ろくおん》して再生《さいせい》ができる「ちくおんき」、「映画《えいが》のきかい」などなど……初《はじ》めて見《み》た人《ひと》、使《つか》った人《ひと》は、みんなおどろきました。

今《いま》、私《わたくし》たちのまわりにある「せんぷうき」や「けいたい電話《でんわ》」「音楽《おんがく》プレーヤー」なども、もとをたどればエジソンの発明《はつめい》から始《はじ》まっています。

エジソンのおかげで、人類《じんるい》は、どれだけ豊《ゆた》かに楽《たの》しくすごせるようになっ

エジソンは何歳《なんさい》になってもあきらめない、挑戦《ちょうせん》の人《ひと》でした。
「電灯《でんとう》」「電話《でんわ》」「ちくおんき」など、彼《かれ》の生《う》み出《だ》したものは、
みんなのくらしを大《おお》きくささえています

たことでしょう。

エジソンは、なぜ、すばらしい発明《はつめい》を、こんなにたくさん生《う》み出《だ》すことができたのでしょうか？

今回《こんかい》は、このことを、いっしょに考《かんが》えてみよう。

エジソン少年《しょうねん》は、川《かわ》が流《なが》れる美《うつく》しい村《むら》にある、赤《あか》レンガの小《ちい》さな家《いえ》で育《そだ》ちました。気《き》になったことは何《なん》でも、まわりの大人《おとな》に、どんどん質問《しつもん》する子《こ》だったようです。

「なぜ、1たす1は2なの？」「風《かぜ》はなぜ、ふいてくるの？」「にわとりの卵《たまご》は、なぜヒヨコになるの？」

次々《つぎつぎ》に質問《しつもん》するので、学校《がっこう》の先生《せんせい》でも答《こた》えられないことがありました。

「なぜだろう？」と考《かんが》え、「知《し》りたい」と思《おも》って質問《しつもん》してみると、「そうだ

ったのか！」とわかる。

この喜《よろこ》びで、エジソンの心《こころ》は、いつもいっぱいでした。だから、また質《しつ》問《もん》をしたのです。

知《し》らないことを知《し》るたびに、新《あたら》しい世界《せかい》が発見《はっけん》できます。すると、また知《し》らないことが、たくさん出《で》てきます。それを知《し》るたびに、また喜《よろこ》びもふえていく。楽《たの》しく、どんどん、かしこくなっていけるのです。

「なぜ？」――これは、みなさんの心《こころ》の宇宙《うちゅう》を限《かぎ》りなく広《ひろ》げる、ふしぎな力《ちから》を持《も》つ言葉《ことば》です。

エジソン少年《しょうねん》は、小学校《しょうがっこう》のせいせきは、あまりよくありませんでした。

授業中《じゅぎょうちゅう》も、別《べつ》のことを考《かんが》え始《はじ》めて、先生《せんせい》に、きびしくしかられたこともあります。でも、エジソンは、それでやる気《き》をなくしたりはしません。学《まな》びたいことは、いっぱいあったからです。

そんなエジソンに、お母《かあ》さんは理科《りか》や社会《しゃかい》、算数《さんすう》など、たくさんのことを教《おし》えてくれました。字《じ》をきれいに書《か》くことも教《おし》えてくれ、いっしょに声《こえ》を出《だ》しながら本《ほん》を読《よ》んだりもしました。

エジソンは、本《ほん》が大好《だいす》きになりました。本《ほん》には、自分《じぶん》の知《し》らないことが、つきることなく書《か》いてあったからです。町《まち》の図書館《としょかん》に通《かよ》っては、本《ほん》を読《よ》みまくりました。

そして、お母《かあ》さんに教《おそ》わったり、本《ほん》に書《か》いてあったりしたことを自分《じぶん》の目《め》で確《たし》かめたくて、理科《りか》の実験《じっけん》に夢中《むちゅう》になりました。若《わか》き「発明王《はつめいおう》エジソ

エジソン少年《しょうねん》は、本《ほん》が大好《だいす》き。町《まち》の図書館《としょかん》で借《か》りては読《よ》み、自分《じぶん》で調《しら》べては、よく実験《じっけん》をしていました

ン」の誕生《たんじょう》です。

むちゅうになれるものがあるということは、すばらしいことです。みなさんも、〝むちゅうになってやれるもの〟を見《み》つけてみてください。

自分《じぶん》でやってみて、うまくいけばうれしい。たとえ失敗《しっぱい》しても、必《かなら》ず心《こころ》の中《なか》に宝物《たからもの》が残《のこ》ります。

そうした喜《よろこ》びでワクワクした経験《けいけん》が、みなさんの無限《むげん》の可能《かのう》

性《せい》を開《ひら》いてくれるのです。

エジソンは、苦《くる》しい思《おも》いも、たくさんしました。

その一《ひと》つは、12歳《さい》ごろから耳《みみ》が聞《き》こえにくくなったことです。そのうち、小鳥《ことり》の鳴《な》き声《ごえ》を聞《き》くこともできなくなりました。

それでも、エジソンは、発明《はつめい》に取《と》り組《く》むことをあきらめませんでした。

――耳《みみ》の聞《き》こえないことは、決《けっ》して不幸《ふこう》なこととは思《おも》えない。耳《みみ》が聞《き》こえないから、読書《どくしょ》や仕事《しごと》に集中《しゅうちゅう》できる。

エジソンは、ほがらかに前向《まえむ》きに考《かんが》えていったのです。

こうしてきたえた〝あきらめない心《こころ》〟で、エジソンは大発明家《だいはつめいか》として、

かつやくしていきました。

エジソンは語《かた》っています。

「成功《せいこう》するための最善《さいぜん》の（＝一番《いちばん》の）方法《ほうほう》は、もう一度《いちど》やってみることだ」

「他《ほか》の発明家《はつめいか》の弱点《じゃくてん》は、ほんの一《ひと》つか二《ふた》つの実験《じっけん》でやめてしまうことだ。わたしは自分《じぶん》が求《もと》めるものを手《て》に入《い》れるまで決《けっ》してあきらめない！」

今《いま》では世界中《せかいじゅう》で使《つか》われている電灯《でんとう》を発明《はつめい》した時《とき》も、白熱電球《はくねつでんきゅう》の中《なか》で光《ひかり》を出《だ》す部分《ぶぶん》（フィラメント）に、何《なに》がいいのかを知《し》るために、植物《しょくぶつ》を使《つか》った材《ざい》料《りょう》だけでも6000種類《しゅるい》をこえるものを、ためしてみました。

その結果《けっか》、電灯《でんとう》が、世界《せかい》で初《はじ》めてつくられたのです。

一生《いっしょう》けんめい発展《はってん》させてきた、だいじな工場《こうじょう》が、火事《かじ》で焼《や》けてしまったこともありました。それでも、「これからは今《いま》まで以上《いじょう》の成長《せいちょう》をつづけて見《み》

せる。へこたれるものか」と、さっそく、新《あたら》しい工場《こうじょう》を建《た》てるための図面《ずめん》をかき始《はじ》めたのです。

なぜ、エジソンが、すばらしい発明《はつめい》を生《う》み出《だ》すことができたのか？

そうです！　それは、どんなことがあっても、「決《けっ》してあきらめなかったから」です。何回《なんかい》、失敗《しっぱい》しても、成功《せいこう》するまで、ねばり強《づよ》く挑戦《ちょうせん》し続《つづ》けたからなのです。

「ねばり強《づよ》い人《ひと》」が、りっぱな人《ひと》です。

「あきらめない人《ひと》」が、勝利《しょうり》の人《ひと》です。

エジソンの発明《はつめい》した電灯《でんとう》は、暗《くら》い夜《よる》を明《あか》るく照《て》らしました。

日蓮大聖人《にちれんだいしょうにん》は、「百千万年《ひゃくせんまんねん》の間《あいだ》、闇《やみ》にとざされていた所《ところ》でも、灯《あか》りを入《い》れれば明《あか》るくなる」（御書《ごしょ》１４０３ページ、意味《いみ》）と仰《おお》せです。仏法《ぶっぽう》の光《ひかり》は、不幸《ふこう》になやんでいる生命《せいめい》を、希望《きぼう》と勇気《ゆうき》の灯《あか》りで明《あか》るく照《て》らしていくことができます。

みんなのおじいさんやおばあさん、お父《とう》さんやお母《かあ》さんは、この光《ひかり》を一人《ひとり》一人《ひとり》の友《とも》におくってきました。

創価学会《そうかがっかい》の初代会長《しょだいかいちょう》・牧口常三郎先生《まきぐちつねさぶろうせんせい》は「座談会《ざだんかい》」を、〝信心《しんじん》を実験《じっけん》してみて、その正《ただ》しさを証明《しょうめい》した結果《けっか》を語《かた》りあう集《あつ》まり〟（実験証明座談会《じっけんしょうめいざだんかい》など）と呼《よ》んでいました。

学会《がっかい》の活動《かつどう》には、多《おお》くの人《ひと》を楽《たの》しく元気《げんき》にする、すばらしい力《ちから》があります。世《よ》の中《なか》にたくさんの笑顔《えがお》をつくり出《だ》している学会《がっかい》の同志《どうし》の方々《かたがた》は、り

っぱな「幸《しあわ》せの発明王《はつめいおう》」なのだと、私《わたくし》は思《おも》います。21世紀《せいき》の人類《じんるい》を照《て》らしゆく、みなさんの心《こころ》の中《なか》には、負《ま》けずにがんばる力《ちから》があります。何《なに》かを夢中《むちゅう》でやりとげようとする時《とき》に、眠《ねむ》っていたその力《ちから》が目《め》をさまし、いくらでも元気《げんき》がわいてくるのです。

さあ、この夏《なつ》、まずは何《なに》か一《ひと》つ、全力《ぜんりょく》で取《と》り組《く》むものを決《き》めて、がんばってみよう！

「これをやろう」と決《き》めて、挑戦《ちょうせん》を始《はじ》めた時《とき》、きっと、みんなの心《こころ》が宝石《ほうせき》のように、強《つよ》く明《あか》るく、かがやき始《はじ》めるよ！

※エジソンの少年期のエピソード・言葉は、ヘンリー幸田著『天才エジソンの秘密　母が教えた7つのルール』（講談社）、浜田和幸著『快人エジソン　奇才は21世紀に甦る』（日本経済新聞社）、ニール・ボールドウィン著『エジソン――20世紀を発明した男』椿正晴訳（三田出版会）から。参考文献は、久保喬著『児童伝記シリーズ3　エジソン』（偕成社）、三石巖著『少年少女新伝記文庫9　エジソン』（金子書房）、浜田和幸著『エジソンの言葉　ヒラメキのつくりかた』（大和書房）ほか。

絵・さくらせかい

戸《と》田《だ》先生《せんせい》のふるさと・厚《あつ》田《た》で、母《はは》子《こ》に出《で》あった池《いけ》田《だ》先生《せんせい》は「いい子《こ》だね。元《げん》気《き》でね！」と声《こえ》をかけられました

（1990年7月、北海道《ほっかいどう》）

07 インド独立《どくりつ》の父《ちち》 ガンジー

ほがらかに勇気《ゆうき》の一歩《いっぽ》を！

「10月2日」という日《ひ》は、私《わたくし》と世界《せかい》の友《とも》をつなぐ記念日《きねんび》です。

私《わたくし》は、1960年のこの日《ひ》に、「この世《よ》から、一切《いっさい》の不幸《ふこう》と悲《かな》しみをなくしたい」と願《ねが》われた師匠《ししょう》・戸田城聖先生《とだじょうせいせんせい》の世界平和《せかいへいわ》の夢《ゆめ》を実現《じつげん》するため、初《はじ》めて海外《かいがい》に旅立《たびだ》ちました。上着《うわぎ》の内《うち》ポケットには、戸田先生《とだせんせい》のお写《しゃ》真《しん》を入《い》れていました。

それから半世紀以上《はんせいきいじょう》、私《わたくし》は、世界《せかい》をかけめぐり、対話《たいわ》と友情《ゆうじょう》の道《みち》を開《ひら》いてきました（世界《せかい》54カ国《こく》・地域《ちいき》を訪問《ほうもん》）。

この10月2日は、一人《ひとり》の偉大《いだい》な平和《へいわ》の指導者《しどうしゃ》の誕生日《たんじょうび》でもあります。[1]

きびしい差別《さべつ》にも絶対《ぜったい》に負《ま》けない！
――ガンジーは「塩《しお》の行進《こうしん》」を開始《かいし》し、非暴力《ひぼうりょく》で戦《たたか》いました。
その勇気《ゆうき》の姿《すがた》に人々《ひとびと》の心《こころ》も動《うご》きます。
いつしか数千人《すうせんにん》の大行進《だいこうしん》に

８６９年に生《う》まれたインドの「独立《どくりつ》の父《ちち》」マハトマ・ガンジーです。今《いま》も、約《やく》13億人《おくにん》（２０１８年）の国民《こくみん》から尊敬《そんけい》され、世界《せかい》のお手本《てほん》になっています。

それは、ガンジーが、平和《へいわ》を築《きず》き、民衆《みんしゅう》を守《まも》るために、一切《いっさい》の暴力《ぼうりょく》を使《つか》わず、戦《たたか》ったからです。相手《あいて》に暴力《ぼうりょく》を使《つか》われても、仕返《しかえ》しをせず、対話《たいわ》と誠実《せいじつ》な行動《こうどう》をつらぬいて、インドの独立《どくりつ》（１９４７年）を勝《か》ち取《と》ったからです。

これを、少《すこ》しむずかしい言葉《ことば》ですが、「非暴力《ひぼうりょく》」といいます。

私《わたくし》はインドを訪《おとず》れた時《とき》、ガンジーが亡《な》くなった、首都《しゅと》ニューデリーにある記念碑《きねんひ》に花《はな》をささげ、記念館《きねんかん》で講演《こうえん》も行《おこな》いました。また、ガンジーの弟《で》子《し》やお孫《まご》さんたちと出会《であ》いをかさね、非暴力《ひぼうりょく》の精神《せいしん》を語《かた》りあってきました。

暴力《ぼうりょく》は、強《つよ》そうに見《み》えて、じつは、おくびょうな人《ひと》が使《つか》う武器《ぶき》です。相《あい》手《て》がこわいから使《つか》うのです。また暴力《ぼうりょく》は、暴力《ぼうりょく》を呼《よ》んでしまう。そうし

て、暴力《ぼうりょく》はくり返《かえ》され、どちらも深《ふか》く傷《きず》ついてしまいます。国《くに》と国《くに》の間《あいだ》なら、ざんこくな戦争《せんそう》が続《つづ》きます。

平和《へいわ》を築《きず》くのは、対話《たいわ》と誠実《せいじつ》な行動《こうどう》です。それには、まず自分《じぶん》のこわがる心《こころ》を打《う》ちやぶる勇気《ゆうき》が必要《ひつよう》です。自分《じぶん》の心《こころ》が変《か》われば、相手《あいて》の心《こころ》が変《か》わる。非暴力《ひぼうりょく》は勇気《ゆうき》ある人《ひと》の武器《ぶき》なのです。

この大切《たいせつ》な勇気《ゆうき》の心《こころ》を学《まな》んでほしいと思《おも》い、30年ほど前《まえ》、私《わたくし》は創価学園《そうかがくえん》の生徒《せいと》たちとともに、映画《えいが》「ガンジー」を観賞《かんしょう》したことがあります。きょうは、いっしょに映画《えいが》を見《み》ているような気持《きも》ちで学《まな》んでいきましょう。

最高《さいこう》の〝勇気《ゆうき》の人《ひと》〟ガンジーは、いったい、どんな少年時代《しょうねんじだい》だったでし

ようか。じつは意外《いがい》なことに、とても、はずかしがり屋《や》で、弱虫《よわむし》でした。学校《がっこう》が終《お》わると、友《とも》だちにからかわれるのが心配《しんぱい》で、走《はし》って家《いえ》に帰《かえ》りました。寝《ね》る時《とき》も、おばけやドロボウやヘビがこわくて、明《あ》かりがなければ寝《ね》つけませんでした。けれども、まじめなお母《かあ》さんの教《おし》えがあり、決《き》めたことをやりぬく、がんばり屋《や》でした。

そのガンジーが、大《おお》きな勇気《ゆうき》の一歩《いっぽ》をふみ出《だ》した事件《じけん》があります。

それは、努力《どりょく》して弁護士《べんごし》になった若《わか》きガンジーが、仕事《しごと》で南《みなみ》アフリカに行《い》った時《とき》のことです。列車《れっしゃ》の一等車《いっとうしゃ》（一番《いちばん》いい客室《きゃくしつ》の号車《ごうしゃ》）に乗《の》っていると、駅員《えきいん》が来《き》て、「君《きみ》は貨物車《かもつしゃ》に乗《の》るのだ」と言《い》いました。ちゃんと一等車《いっとうしゃ》のきっぷを持《も》っていたにもかかわらず、同《おな》じ客室《きゃくしつ》にいた白人《はくじん》が、茶色《ちゃいろ》い肌《はだ》のインド人《じん》といっしょに乗《の》りたくないと、駅員《えきいん》に文句《もんく》を言《い》ったのです。ガンジ

少年時代《しょうねんじだい》のガンジーは、はずかしがり屋《や》で弱虫《よわむし》。
友《とも》だちにからかわれないようにと、
学校《がっこう》から逃《に》げるように帰《かえ》っていました

ーは、貨物車《かもつしゃ》に移《うつ》らなかったために、列車《れっしゃ》から降《お》ろされてしまいました。

人種差別《じんしゅさべつ》といって、この国《くに》では当時《とうじ》、肌《はだ》の色《いろ》で人間《にんげん》に上下《じょうげ》があると決《き》められていたのです。

季節《きせつ》は冬《ふゆ》でした。ガンジーは暗《くら》く冷《ひ》え切《き》った駅《えき》の待合室《まちあいしつ》で、寒《さむ》さにふるえながら一夜《いちや》を明《あ》かしました。

このあと、どうするか。がま

んしたまま仕事《しごと》をすませ、ふるさとに帰《かえ》る道《みち》もあったでしょう。

しかし、ガンジーは、自分《じぶん》のことだけでなく、人間《にんげん》が人間《にんげん》をバカにして、いじめること自体《じたい》がゆるせませんでした。ガンジー青年《せいねん》は〝勇気《ゆうき》の人《ひと》〟に生《う》まれ変《か》わりました。この国《くに》に21年間《ねんかん》もとどまって、差別《さべつ》に対《たい》して非暴力《ひぼうりょく》で戦《たたか》い抜《ぬ》きました。そして、ついに、この国《くに》に住《す》むインドの人々《ひとびと》を守《まも》る法律《ほうりつ》を勝《か》ち取《と》ったのです。

勇気《ゆうき》は、青年《せいねん》を強《つよ》くします。

とくに人《ひと》のため、正義《せいぎ》のため、勇気《ゆうき》をもって立《た》ち上《あ》がる時《とき》、青年《せいねん》は最《もっと》も強《つよ》くなるのです。

その後《ご》、ガンジーはインドにもどり、悪《あく》には従《したが》わず、非暴力《ひぼうりょく》で戦《たたか》う独立《どくりつ》運動《うんどう》のリーダーとなります。

当時《とうじ》のインドは、強力《きょうりょく》な軍隊《ぐんたい》をもつイギリスが支配《しはい》する植民地《しょくみんち》になっていました。きびしい差別《さべつ》があり、イギリス人《じん》が上《うえ》で、インド人《じん》は下《した》でした。

この不正《ふせい》をただすために、ガンジーは戦《たたか》いを開始《かいし》しました。悲《かな》しい出来事《できごと》や失敗《しっぱい》もありました。何度《なんど》もたいほされて牢屋《ろうや》に入《い》れられましたが、信念《しんねん》をつらぬきとおしました。どこに行《い》くにも腰布《こしぬの》にサンダルばきの姿《すがた》で、まずしく、一番《いちばん》差別《さべつ》に苦《くる》しんでいる人々《ひとびと》の味方《みかた》となって行動《こうどう》したのです。

勇気《ゆうき》は、人《ひと》から人《ひと》へ伝《つた》わっていきます。その有名《ゆうめい》な出来事《できごと》が「塩《しお》の行進《こうしん》」と呼《よ》ばれるものです。

この時代《じだい》、インド人《じん》は、生活《せいかつ》に欠《か》かせない塩《しお》を自由《じゆう》につくったり、売《う》っ

たりすることが禁止《きんし》されていました。

ガンジーは、さけびました――人《ひと》は塩《しお》がなくては生《い》きられない。この海《うみ》からのおくり物《もの》を取《と》りあげる権利《けんり》が、だれにあるのか！

１９３０年３月12日の朝《あさ》、ガンジーはイギリス政府《せいふ》に反対《はんたい》するため、78人《にん》の弟子《でし》とともに約《やく》４００キロはなれたインドの西海岸《にしかいがん》へと歩《ある》き始《はじ》めました。浜辺《はまべ》に行《い》き、自分《じぶん》の手《て》で塩《しお》をつくるというのです。60歳《さい》のガンジーが、しっかりした足取《あしど》りで進《すす》んでいく姿《すがた》を見《み》て、多《おお》くの人《ひと》が次々《つぎつぎ》に加《くわ》わり、やがて数千人《すうせんにん》の大行進《だいこうしん》となりました。

海岸《かいがん》に着《つ》いたガンジーは天然《てんねん》の塩《しお》をひろい、これはわれわれのものだと、ほこらしげにかかげました。ガンジーも弟子《でし》たちも、たいほされましたが、ひるみませんでした。ぼうでなぐられたり、けられても、決《けっ》して暴《ぼう》

力《りょく》に負《ま》けませんでした。このガンジーとともに、何万《なんまん》もの人々《ひとびと》が牢屋《ろうや》に入《い》れられました。それでも、民衆《みんしゅう》の大闘争《だいとうそう》は止《と》まりませんでした。

同《おな》じ1930年の11月18日、創価学会《そうかがっかい》は牧口常三郎先生《まきぐちつねさぶろうせんせい》、戸田先生《とだせんせい》の師弟《してい》によって創立《そうりつ》され、だれもが幸《しあわ》せになれる社会《しゃかい》を目指《めざ》して、平和《へいわ》への歩《あゆ》みを開始《かいし》したのです。

勇気《ゆうき》の人《ひと》は、ほがらかな人《ひと》です。ガンジーは、よく笑《わら》ったので、まわりもいっしょにいるだけで楽《たの》しくなり、勇気《ゆうき》がわきました。

勇気《ゆうき》の人《ひと》は、あきらめません。ガンジーは「善《よ》いことというものは、カタツムリの速度《そくど》で動《うご》く」と言《い》って、ねばり強《づよ》くがんばりました。

勇気《ゆうき》の人《ひと》は、先頭《せんとう》に立《た》つ人《ひと》です。ガンジーは「一人《ひとり》の人《ひと》に可能《かのう》なことは、万人《ばんにん》に可能《かのう》である」と信《しん》じ、大変《たいへん》なことは自分《じぶん》から始《はじ》めました。

みなさんも、勇気《ゆうき》を出《だ》したい時《とき》があるでしょう。はずかしくて声《こえ》をかけられないけど、友《とも》だちになりたい。授業中《じゅぎょうちゅう》に手《て》をあげて、答《こた》えたい。いじめられている友《とも》だちに、自分《じぶん》は味方《みかた》だと伝《つた》えたい……。

もしかしたら、「自分《じぶん》には勇気《ゆうき》がない」と思《おも》っている人《ひと》がいるかもしれません。でも、勇気《ゆうき》がない人《ひと》なんていません。だれもがみんな、勇気《ゆうき》の心《こころ》をもっている。問題《もんだい》は、思《おも》い切《き》って、その勇気《ゆうき》を引《ひ》き出《だ》せるかどうかなのです。

だれにでもできる、勇気《ゆうき》を引《ひ》き出《だ》す合言葉《あいことば》が「南無妙法蓮華経《なんみょうほうれんげきょう》」です。「南無妙法蓮華経《なんみょうほうれんげきょう》は師子吼《ししく》の如《ごと》し」（御書《ごしょ》1124ページ）です。題目《だいもく》を唱《とな》えれば、自分《じぶん》の心《こころ》の中《なか》にある「ししの心《こころ》」が目覚《めざ》める。すると、知恵《ちえ》も、希望《きぼう》

も、勇気《ゆうき》も全部《ぜんぶ》、わいてきます。
さあ、自分《じぶん》の夢《ゆめ》や目標《もくひょう》に向《む》かって、勇気《ゆうき》の一歩《いっぽ》をふみ出《だ》そう！
かがやく未来《みらい》からやってきた「平和《へいわ》の勇者《ゆうしゃ》」の君《きみ》よ、貴女《あなた》よ！
きょうもまた、強《つよ》くほがらかであれ！

※ガンジーの言葉は、坂本徳松著『ガンジー　インド独立の父』（旺文社）、『ガンジー自伝』蠟山芳郎訳（中央公論新社）から。参考文献は、マイケル・ニコルソン著『伝記　世界を変えた人々9　ガンジー』坂崎麻子訳（偕成社）、クリシュナ・クリパラーニ著『ガンディーの生涯〈上〉』森本達雄訳（第三文明社）。
絵・本間幸子

08 世界的《せかいてき》な会社《かいしゃ》をつくった 松下幸之助《まつしたこうのすけ》さん

学《まな》び続《つづ》ける人《ひと》が勝利《しょうり》の人《ひと》

みなさんは、何月生《なんがつう》まれですか？　それぞれの月《つき》に、それぞれの良《よ》さがあります。それを見《み》つけて、好《す》きになっていけば、春夏秋冬《しゅんかしゅうとう》が楽《たの》しくなります。

私《わたくし》はとくに、2月という月《つき》が大好《だいす》きです。なぜなら、私《わたくし》の師匠《ししょう》・戸田《とだ》城聖先生《じょうせいせんせい》のお誕生月《たんじょうづき》だからです。そのことを思《おも》うと、一日一日《いちにちいちにち》の寒《さむ》さも、挑戦《ちょうせん》の心《こころ》につながっていきます。

私《わたくし》は1月生《う》まれ。お正月《しょうがつ》と誕生日《たんじょうび》がいっしょに来《く》るので、みんながお祝《いわ》いしてくれているように感《かん》じられます。

松下《まつした》さんは会社《かいしゃ》を経営《けいえい》していく中《なか》で、何度《なんど》もピンチにおちいりましたが、
〝道《みち》は無限《むげん》にある〟と信《しん》じ、〝大切《たいせつ》なのは、熱意《ねつい》をもってやるかやらないかだ〟
と考《かんが》え、がんばりぬきました。
そして、小《ちい》さな会社《かいしゃ》を世界的《せかいてき》な電機《でんき》メーカーに育《そだ》てていきました

日本《にほん》や中国《ちゅうごく》などでは、人生《じんせい》の節目《ふしめ》をお祝《いわ》いする習《なら》わしがありますが、「還《かん》暦《れき》」とよばれる60歳《さい》の私《わたくし》の誕生日《たんじょうび》には、ある方《かた》から真心《まごころ》こもるお祝《いわ》いの言《こと》葉《ば》をいただきました。

「もうひとつ〈創価学会《そうかがっかい》〉をお作《つく》りになられる位《くらい》の心意気《こころいき》で、世界《せかい》の平和《へいわ》と人類《じんるい》の繁栄《はんえい》・幸福《こうふく》のために、お元気《げんき》にご活躍《かつやく》されることをお祈《いの》り致《いた》します」と。

それは、世界的《せかいてき》な電機《でんき》メーカー「パナソニック」をつくった松下幸之助《まつしたこうのすけ》さんからの手紙《てがみ》でした。

松下《まつした》さんが3人《にん》で小《ちい》さな工場《こうば》を始《はじ》めたのは、100年ほど前《まえ》のことです。やがてテレビや洗《せん》たく機《き》など、身《み》の回《まわ》りのあらゆる電化製品《でんかせいひん》を作《つく》る、世界《せかい》で最《もっと》も有名《ゆうめい》な会社《かいしゃ》の一《ひと》つに育《そだ》てあげました。

私《わたくし》は、この人生《じんせい》の大先輩《だいせんぱい》からのはげましを胸《むね》に、SGI《エスジーアイ》（創価学会《そうかがっかい》インタナショナル）の平和《へいわ》の連帯《れんたい》を、世界《せかい》の友《とも》と力《ちから》をあわせて192カ国《こく》・地域《ちいき》にまで広《ひろ》げてきました。

きょうは、松下《まつした》さんの生《い》き方《かた》を通《とお》して、「学《まな》び続《つづ》けること」の大切《たいせつ》さを心《こころ》にきざんでいきましょう。

松下幸之助《まつしたこうのすけ》さんは、常《つね》に会社《かいしゃ》を成長《せいちょう》させたので、「経営《けいえい》の神様《かみさま》」と呼《よ》ばれ、多《おお》くの人《ひと》から尊敬《そんけい》されました。しかし、決《けっ》していばらず、人間味《にんげんみ》にあふれていました。本当《ほんとう》にえらい人《ひと》は、決《けっ》してえらぶりません。

ある時《とき》は、京都《きょうと》の松下《まつした》さんの茶室《ちゃしつ》で、またある時《とき》は、大阪《おおさか》の会社《かいしゃ》で、親《した》

しく語《かた》りあいました。関西創価学園《かんさいそうかがくえん》で、こてき隊《たい》の乙女《おとめ》たちとおむかえしたこともあります。

語《かた》らいは6時間《じかん》におよぶこともありました。全部《ぜんぶ》で30回《かい》ほどお会《あ》いし、さらに手紙《てがみ》をやりとりして『人生問答《じんせいもんどう》』という本《ほん》を二人《ふたり》で発刊《はっかん》しました。

創価大学《そうかだいがく》でこん談《だん》した時《とき》、松下《まつした》さんは、創大生《そうだいせい》をあたたかく見守《みまも》られながら、言《い》われました。

「やっぱり、若《わか》い時《とき》の苦労《くろう》は、買《か》ってでもせな、あきまへんなぁ」

この言葉通《ことばどお》り、松下《まつした》さんも若《わか》いころから「苦労《くろう》」の連続《れんぞく》でした。

1894（明治《めいじ》27年）11月27日、松下《まつした》さんは和歌山県《わかやまけん》の小《ちい》さな村《むら》で生《う》まれました。8人《にん》きょうだいの末《すえ》っ子《こ》で、みんなにかわいがられて育《そだ》ちました。

松下少年《まつしたしょうねん》が4歳《さい》の時《とき》、お父《とう》さんが仕事《しごと》で失敗《しっぱい》し、生活《せいかつ》はまずしくなり、

松下幸《まつしたこう》之《の》助《すけ》さんと、いろいろな問題《もんだい》について
何《なん》度《ど》も語《かた》りあわれました（1983年11月、東京《とうきょう》）

住《す》んでいた土地《とち》や建物《たてもの》を売《う》って和歌山市内《わかやましない》に移《うつ》り住《す》みました。そのころ、二人《ふたり》の兄《あに》、そして一人《ひとり》の姉《あね》が、病気《びょうき》で相《あい》ついで亡《な》くなってしまいました。

お父《とう》さんの仕事《しごと》がうまくいかず、生活《せいかつ》はどんどん苦《くる》しくなりました。体《からだ》が丈夫《じょうぶ》でなかった松下少年《まつしたしょうねん》も、生活《せいかつ》をささえるため、小学《しょうがく》4年生《ねんせい》で学校《がっこう》をやめて、はたらかざるをえませんでした。まだ9歳《さい》の時《とき》です。

松下少年《まつしたしょうねん》は親元《おやもと》をはなれ、大阪《おおさか》で住《す》みこみの仕事《しごと》をすることになりました。自転車店《じてんしゃてん》ではたらいていた時《とき》は、起《お》きるのは朝《あさ》の5時《じ》です。まず店《みせ》の前《まえ》をそうじして、次《つぎ》は店内《てんない》をそうじ。売《う》り物《もの》の自転車《じてんしゃ》をピカピカにみがいたり、修理《しゅうり》の手伝《てつだ》いをしたりして、夜《よる》は9時《じ》、10時《じ》まで働《はたら》きました。大好《だいす》きなお母《かあ》さんに会《あ》えないさびしさをがまんして、仕事《しごと》をがんばりぬいたのです。

しかし、お父《とう》さんは松下少年《まつしたしょうねん》が11歳《さい》の時《とき》、お母《かあ》さんも18歳《さい》の時《とき》に亡《な》くな

ってしまいました。松下《まつした》さんは夜間学校《やかんがっこう》に少《すこ》しの間《あいだ》、通《かよ》ったほかは、学校《がっこう》に行《い》けませんでした。お金《かね》もありません。帰《かえ》るふるさともありません。体《からだ》も弱《よわ》く、生涯《しょうがい》、病気《びょうき》とたたかい続《つづ》けました。

そんな何《なに》もない中《なか》から、どうして世界一《せかいいち》の会社《かいしゃ》をつくることができたのか。それは、「もっと学《まな》びたい！」という強《つよ》い心《こころ》があったからだと、私《わたくし》は思《おも》います。

松下《まつした》さんは語《かた》っています。

「一日一日《いちにちいちにち》が勉強《べんきょう》。一日一日《いちにちいちにち》知《し》らないことを覚《おぼ》える。一日一日《いちにちいちにち》これ発見《はっけん》である」と。

松下《まつした》さんは、知《し》らないことがあると、どんな人《ひと》にも、その場《ば》で質問《しつもん》をしました。この真剣勝負《しんけんしょうぶ》の向学心《こうがくしん》で、今《いま》いる場所《ばしょ》を学校《がっこう》にかえて学《まな》びぬいた

のです。そうして〝生《い》きた学問《がくもん》〟を身《み》につけていったのです。

松下《まつした》さんは私《わたくし》に、〝接《せっ》した人《ひと》がみんな、なにかのお手本《てほん》となりました〟と言《い》われました。勉強《べんきょう》は、机《つくえ》に向《む》かうだけが勉強《べんきょう》ではありません。日常《にちじょう》の生活《せいかつ》の中《なか》からでも、だれからでも、学《まな》ぶことがたくさんあります。また〝ほかの人《ひと》からみれば苦闘《くとう》と思《おも》われても、自分《じぶん》の中《なか》ではいつも喜《よろこ》びや希望《きぼう》がかがやいていた〟とも語《かた》られていました。

心《こころ》にいつも希望《きぼう》があったのです。そして学《まな》ぶ喜《よろこ》びがあったからこそ、どんな苦労《くろう》にも負《ま》けなかったのです。

松下《まつした》さんは15歳《さい》のころ、大《おお》きな〝発見《はっけん》〟をしました。大阪《おおさか》の町《まち》に電車《でんしゃ》が

走《はし》っているのを見《み》て、〝これからは電気《でんき》の時代《じだい》だ〟と思《おも》ったのです。そこで、電力会社《でんりょくがいしゃ》に入《はい》りました。3年もすると、すっかり仕事《しごと》を覚《おぼ》え、いつか自分《じぶん》で会社《かいしゃ》をつくりたいと思《おも》うようになりました。

そして、23歳《さい》で「松下電気器具製作所《まつしたでんききぐせいさくじょ》」（現在《げんざい》の「パナソニック」）をつくりました。最初《さいしょ》はなかなかうまくいかず、着物《きもの》を売《う》ったりして、なんとかやりくりしました。

また、20代《だい》の後半《こうはん》にも、ある〝発見《はっけん》〟をしました。そのころの自転車《じてんしゃ》のランプは「ロウソク・ランプ」が普通《ふつう》で、風《かぜ》がふくと、よく消《き》えていました。電池式《でんちしき》もありましたが、すぐ暗《くら》くなりました。〝それなら長持《ながも》ちするものを作《つく》れば売《う》れる〟と思《おも》い、工夫《くふう》をかさねて、30時間《じかん》から40時間《じかん》も消《き》えない電池《でんち》ランプを作《つく》りました。

さっそく、電器店《でんきてん》や自転車店《じてんしゃてん》を回《まわ》って売《う》りこみましたが、ことごとく、ことわられました。でも、決《けっ》してあきらめません。

松下《まつした》さんは考《かんが》えぬいて、今度《こんど》は新《あたら》しい売《う》り方《かた》を〝発見《はっけん》〟しました。お店《みせ》に持《も》っていって、ランプをつけっぱなしにして、置《お》いてもらいました。そして、「説明書《せつめいしょ》の通《とお》り、長時間《ちょうじかん》もてば、買《か》ってください。もたなかったら、代金《だいきん》はいりまへん」と言《い》って、大阪中《おおさかじゅう》のお店《みせ》にランプを置《お》いて回《まわ》ったのです。その通《とお》りに光《ひか》り続《つづ》けたので、ランプは一気《いっき》に売《う》れ始《はじ》めました。

その後《あと》も、松下《まつした》さんが〝発見《はっけん》〟した、〝お客《きゃく》さんが必要《ひつよう》としている商品《しょうひん》を安《やす》く作《つく》って売《う》る〟というやり方《かた》をつらぬいて、会社《かいしゃ》は大発展《だいはってん》していったのです。

松下《まつした》さんは、いくつになっても学《まな》ぶ心《こころ》を燃《も》やし続《つづ》けました。会社《かいしゃ》の経営《けいえい》を後継者《こうけいしゃ》にたくした後《あと》も、“21世紀《せいき》をすばらしい世界《せかい》に”と願《ねが》い、海外《かいがい》の国々《くにぐに》を訪《おとず》れては、人《ひと》と語《かた》りあい、また、文《ぶん》を書《か》き、本《ほん》を出版《しゅっぱん》し、多《おお》くの青年《せいねん》を育《そだ》てました。そんな多忙《たぼう》な中《なか》でも、「九十歳になったら、中学校《ちゅうがっこう》に入学《にゅうがく》したい。勉強《べんきょう》したい」とも語《かた》られていました。

松下《まつした》さんは信《しん》じていました。

「心《こころ》を定《さだ》め　希望《きぼう》をもって歩《あゆ》むならば　必《かなら》ず道《みち》はひらけてくる」「なぜなぜと問《と》い続《つづ》け、考《かんが》え続《つづ》けるところから、進歩向上《しんぽこうじょう》も生《う》まれる」

その通《とお》りです。どんなところでも、どんな時《とき》でも、心《こころ》を決《き》めて、希望《きぼう》を

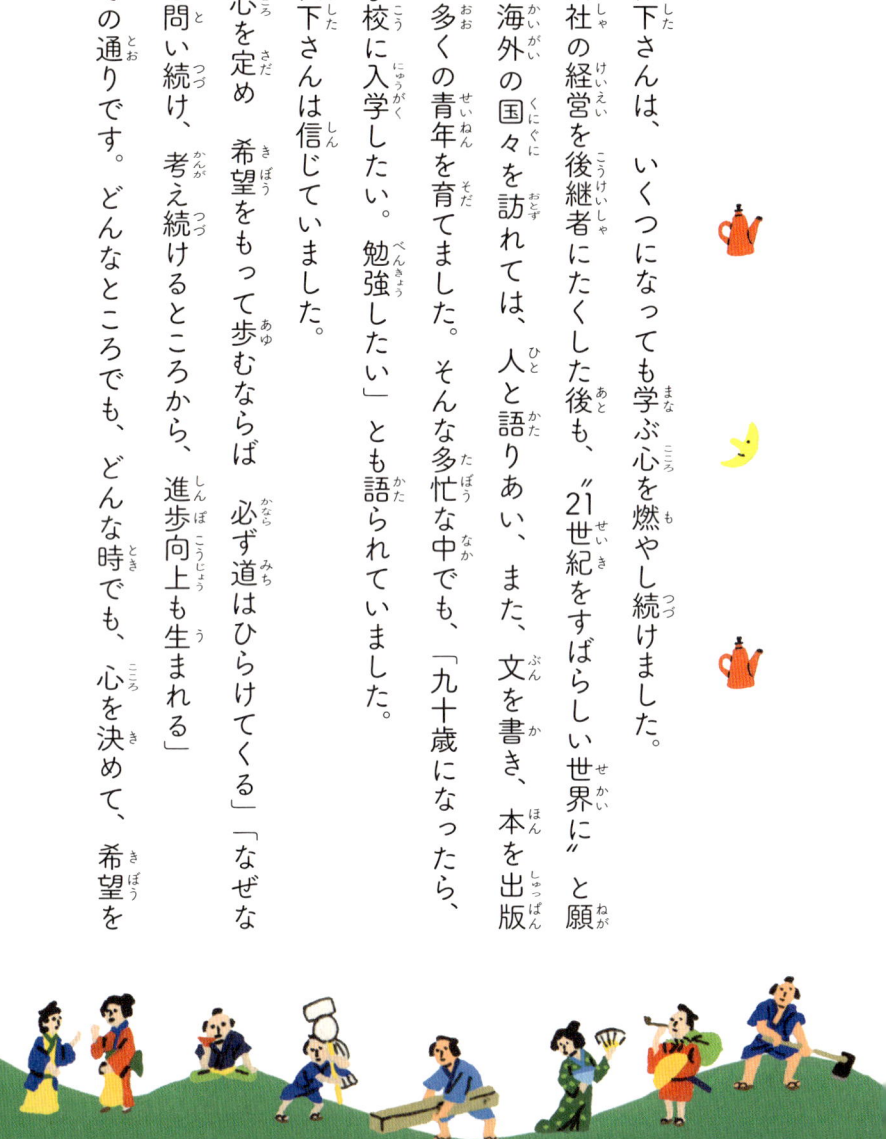

もって学《まな》び続《つづ》ければ、道《みち》は必《かなら》ず開《ひら》けてくるのです。

「なぜ」と思《おも》う気《き》持《も》ちを大切《たいせつ》にして、知《し》っている人《ひと》に聞《き》いたり、調《しら》べてみたりすれば、それが全部《ぜんぶ》、自分《じぶん》の実力《じつりょく》になります。楽《たの》しくなります。心《こころ》が明《あか》るくなります。

「学《がく》は光《ひかり》」です。光《ひかり》をもとめ続《つづ》ける限《かぎ》り、人《ひと》はどこまでも成長《せいちょう》できます。そして自分《じぶん》が成長《せいちょう》すれば、さらに、まわりの人《ひと》にも希望《きぼう》の光《ひかり》を、幸福《こうふく》の光《ひかり》を、平和《へいわ》の光《ひかり》を送《おく》ることができるのです。

さあ、学《まな》ぼう！　始《はじ》めてみよう！

自分《じぶん》の無限《むげん》の可能性《かのうせい》を信《しん》じて！

※松下幸之助の言葉は、松下幸之助述・江口克彦記『松翁論語』（PHP研究所）、パナソニックのホームページ内「幸之助のことば」から。参考文献は、松下幸之助著『松下幸之助　私の行き方考え方』（日本図書センター）、松下幸之助著『松下幸之助　夢を育てる　私の履歴書』（日本経済新聞社）ほか。

絵・本間幸子

池田先生《いけだせんせい》は、出《で》あった子《こ》どもたちと
なごやかな交流《こうりゅう》を広《ひろ》げられました（1990年7月、モスクワ）

09
音楽《おんがく》の大英雄《だいえいゆう》 ベートーベン
なやみをつき抜《ぬ》けて喜《よろこ》びへ!

12月《がつ》は、1年《ねん》で一番忙《いちばんいそが》しい季節《きせつ》だね。

その時《とき》にも、社会《しゃかい》のために一生《いっしょう》けんめい行動《こうどう》されている、みなさんのお父《とう》さんや、お母《かあ》さんに、私《わたくし》は最大《さいだい》の尊敬《そんけい》の心《こころ》で、題目《だいもく》を送《おく》っています。

世《よ》の中《なか》が、あわただしい時期《じき》なので、みなさんも交通事故《こうつうじこ》などに、くれぐれも気《き》をつけてください。かぜも、ひかないようにね。

12月《がつ》といえば、日本《にほん》の各地《かくち》で演奏《えんそう》される名曲《めいきょく》があります。ドイツの音楽《おんがく》家《か》ベートーベンが作曲《さっきょく》した「交響曲第《こうきょうきょくだい》9番《ばん》」です。多《おお》くの人《ひと》から「第九《だいく》」と呼《よ》ばれて、したしまれています。

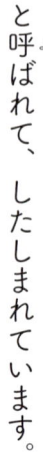

ベートーベンは耳《みみ》が聞《き》こえないという苦《くる》しみをのりこえて、
たくさんの名曲《めいきょく》をつくりました。池田先生《いけだせんせい》は、その作品《さくひん》にしたしみ、
青年時代《せいねんじだい》には自宅《じたく》の近《ちか》くの中学校《ちゅうがっこう》に招《まね》かれて、
ベートーベンの話《はなし》をしたことがあります

曲《きょく》ができて約《やく》200年たった今《いま》でも、世界《せかい》の人《ひと》たちに愛《あい》されています。私《わたくし》も大好《だいす》きな曲《きょく》です。

この「第九《だいく》」には、交響曲《こうきょうきょく》にはめずらしい、「歓喜《かんき》の歌《うた》」という名前《なまえ》の合《がっ》唱《しょう》の部分《ぶぶん》があります。

みなさんの中《なか》にも、歌《うた》ったことのある人《ひと》がいるでしょう。

きょうは、いっしょに、音楽《おんがく》の大英雄《だいえいゆう》ベートーベンの曲《きょく》をあじわう気持《きも》ちで学《まな》んでいこう！

ベートーベンは、1770年の12月16日、ドイツのボンという町《まち》に生《う》まれました。おじいさんは貴族《きぞく》が住《す》む宮殿《きゅうでん》の楽団《がくだん》の楽長《がくちょう》で、お父《とう》さんも楽団《がくだん》

の歌手《かしゅ》をしていた音楽一家《おんがくいっか》でした。

すぐれた歌手《かしゅ》でもあったおじいさんはベートーベンの誕生《たんじょう》を、たいそう喜《よろこ》び、美《うつく》しい声《こえ》でよく歌《うた》を歌《うた》ってきかせたといいます。おじいさんのことを、ベートーベンは、とても誇《ほこ》りに思《おも》い、大人《おとな》になっても忘《わす》れませんでした。

お父《とう》さんは、ベートーベンをおじいさんのような、りっぱな音楽家《おんがくか》にしようと、ピアノやバイオリンを教《おし》えました。とてもきびしい練習《れんしゅう》で、朝《あさ》から晩《ばん》まで、来《く》る日《ひ》も来《く》る日《ひ》もピアノの前《まえ》に向《む》かわなければなりませんでした。

時《とき》には泣《な》いてしまうくらい、たいへんでしたが、やさしくて大好《だいす》きなお母《かあ》さんがいたから、ベートーベンは安心《あんしん》でした。へこたれず、めきめきと上達《じょうたつ》していきます。

そして、7歳《さい》の時《とき》、演奏会《えんそうかい》に出演《しゅつえん》して初《はじ》めて人前《ひとまえ》でピアノをひきまし

た。人一倍《ひといちばい》の努力《どりょく》が実《みの》り、演奏会《えんそうかい》は大成功《だいせいこう》を収《おさ》め、みんなから才能《さいのう》をみとめられるようになりました。

でも、〝いよいよこれから〟という16歳《さい》の時《とき》、お母《かあ》さんは病気《びょうき》で亡《な》くなってしまったのです。

この深《ふか》い深《ふか》い悲《かな》しみも、ベートーベンは、ぐっとこらえました。仕事《しごと》がうまくいかないお父《とう》さんや2人の弟《おとうと》の生活《せいかつ》を、ささえないといけなかったからです。オルガン奏者《そうしゃ》やピアノ教師《きょうし》として、ただ一人《ひとり》、はたらき始《はじ》めました。まさに、嵐《あらし》に立《た》ち向《む》かう青春《せいしゅん》でした。

嵐《あらし》の中《なか》の青春《せいしゅん》――。

4歳《さい》の時《とき》、父《ちち》からピアノなどの楽器《がっき》を習《なら》い始《はじ》めたベートーベン。
7歳《さい》の時《とき》に、初《はじ》めて人前《ひとまえ》でピアノ演奏《えんそう》をし、
その後《ご》、作曲《さっきょく》の勉強《べんきょう》にも取《と》り組《く》みました

それは、私《わたくし》の青春《せいしゅん》の日々《ひび》でもありました。戦争《せんそう》が終《お》わったばかりで、食《た》べるものも満足《まんぞく》にない時代《じだい》のなか、病気《びょうき》に苦《くる》しみながら、師匠《ししょう》・戸田城聖先生《とだじょうせいせんせい》の会社《かいしゃ》を立《た》て直《なお》すために、けんめいにはたらいていました。

そんな私《わたくし》の楽《たの》しみは、レコードをきくことでした。とくに、ベートーベンの音楽《おんがく》は大好《だいす》きでした。

「ジャ・ジャ・ジャ・ジャーン」と始《はじ》まる、ベートーベンの交響曲第《こうきょうきょくだい》5番《ばん》「運命《うんめい》」を、初《はじ》めてきいた時《とき》の感動《かんどう》は、今《いま》も忘《わす》れられません。アパートのせまい部屋《へや》が、あたかも宮殿《きゅうでん》になったような気持《きも》ちになりました。

音楽《おんがく》は、言葉《ことば》以上《いじょう》に、それを作《つく》った人《ひと》の心《こころ》を伝《つた》えます。私《わたくし》はベートーベンの曲《きょく》をきくたびに、「負《ま》けるな！」「がんばれ！」とはげまされているように思《おも》え、運命《うんめい》に挑《いど》む勇気《ゆうき》をもらいました。それは、きっとベートーベン自身《じしん》が苦《くる》しみやなやみと戦《たたか》い、自分自身《じぶんじしん》をふるい起《お》こしていたからに、ちがいありません。

1792年11月、21歳《さい》のベートーベンは、音楽《おんがく》の都《みやこ》として有名《ゆうめい》なオース

トリアのウィーンに行《い》きました。そこで、さまざまな曲《きょく》を作《つく》って発表《はっぴょう》し、ウィーンの音楽界《おんがくかい》でも有名《ゆうめい》になりました。

こうして、やっとうまくいくように見《み》えた生活《せいかつ》でしたが、30歳《さい》になるころから、耳《みみ》の病気《びょうき》になってしまいました。医者《いしゃ》にみてもらいましたが、どんどん耳《みみ》が聞《き》こえなくなっていきました。

――このまま聞《き》こえなくなってしまったら、音楽家《おんがくか》として、どうしたらいいのだろうか。

ベートーベンは、音楽家《おんがくか》にとって「命《いのち》」ともいうべき耳《みみ》が聞《き》こえなくなっていくことに、不安《ふあん》ときょうふでいっぱいでした。しかし、子《こ》どものころからひき続《つづ》けてきたピアノの音《おと》や、そこから生《う》まれてくる、いろいろなメロディーは忘《わす》れていませんでした。

ベートーベンは、音《おと》をうばわれた、とてつもない苦《くる》しみの底《そこ》から、命《いのち》をふるい立《た》たせて、交響曲第《こうきょうきょくだい》3番《ばん》「英雄《えいゆう》」、第《だい》5番《ばん》「運命《うんめい》」、第《だい》6番《ばん》「田園《でんえん》」などの名曲《めいきょく》を発表《はっぴょう》しました。

46歳《さい》で耳《みみ》の病気《びょうき》が悪化《あっか》し、その後《ご》、音《おと》がまったく聞《き》こえなくなり、補聴器《ほちょうき》をつけても会話《かいわ》ができなくなりました。人《ひと》と話《はな》す時《とき》は、言葉《ことば》をメモ帳《ちょう》に書《か》いてもらい、相手《あいて》の言《い》いたいことを理解《りかい》しました。

こうした不自由《ふじゆう》な生活《せいかつ》の中《なか》でも、ベートーベンの作曲《さっきょく》の意欲《いよく》は失《うしな》われませんでした。むしろ病気《びょうき》が悪《わる》くなればなるほど挑戦《ちょうせん》をかさね、思《おも》いを曲《きょく》にこめていったのです。

「自分《じぶん》はこれまでの仕事《しごと》に満足《まんぞく》していない。今《いま》から新《あたら》しい道《みち》を歩《あゆ》む」と。

そして、53歳《さい》の時《とき》、「交響曲第《こうきょうきょくだい》9番《ばん》」が完成《かんせい》します。この曲《きょく》を初《はじ》めて演奏《えんそう》

する時《とき》、ベートーベンは指揮者《しきしゃ》として舞台《ぶたい》に立《た》ちました。

演奏《えんそう》が終《お》わると、人々《ひとびと》はあまりのすばらしさに、大《おお》きな拍手《はくしゅ》を送《おく》りました。しかし、ベートーベンには聞《き》こえません。演奏者《えんそうしゃ》の方《ほう》を見《み》ていたベートーベンは、うでをひかれて、後《うし》ろをふり向《む》いた時《とき》、初《はじ》めて観客《かんきゃく》の大拍手《だいはくしゅ》に気《き》づいたのです。


大好《だいす》きなお母《かあ》さんとの別《わか》れ、きびしかったお父《とう》さんの教《おし》え、まずしい一家《いっか》を一人《ひとり》でささえた孤独《こどく》、聞《き》こえなくなった耳《みみ》……ベートーベンの一生《いっしょう》は、なやみの連続《れんぞく》でした。

しかし、どんなにつらいなやみがあってもベートーベンは、「上手《じょうず》になろ

う」「成長《せいちょう》しよう」「いい曲《きょく》を作《つく》ろう」という「向上《こうじょう》する心《こころ》」を失《うしな》いませんでした。そして、生涯《しょうがい》で300以上《いじょう》の曲《きょく》を作《つく》りあげたのです。ベートーベンは、そうした気持《きも》ちをこめ、「悩《なや》みをつき抜《ぬ》けて歓喜《かんき》にいたれ」と書《か》き残《のこ》しています。

成長《せいちょう》しようとする人《ひと》には、必《かなら》ず苦《くる》しみやなやみの嵐《あらし》が吹《ふ》き荒《あ》れます。成長《せいちょう》しているからこそなやむのです。その時《とき》は、とてもつらいかもしれないけれど、なやみは自分自身《じぶんじしん》が大《おお》きく成長《せいちょう》している証明《しょうめい》なのです。

戸田先生《とだせんせい》は、ある年の12月、悪戦苦闘《あくせんくとう》する私《わたくし》に、「大《だい》ちゃん、人生《じんせい》は悩《なや》まねばならぬ。なやんではじめて、信心《しんじん》もわかるんだよ。それで、偉大《いだい》な人《ひと》になるんだ」と言《い》われました。

なやみに負《ま》けず、勇気《ゆうき》をふるい起《お》こして、つき進《すす》んでいけば必《かなら》ず大《おお》きく

成長《せいちょう》できる。運命《うんめい》だって変《か》えられる。自分《じぶん》も家族《かぞく》も、大《おお》きな希望《きぼう》と喜《よろこ》びにつつまれていくのです。

ベートーベンは負《ま》けなかった。音楽《おんがく》の大英雄《だいえいゆう》として勝《か》ちました！

ししの子《こ》のみなさんも、なやみに負《ま》けるはずがない。断《だん》じて、自分《じぶん》の夢《ゆめ》に向《む》かって勝利《しょうり》していけると私《わたくし》は信《しん》じ、祈《いの》っています。

※ベートーベンの言葉は、『新編ベートーヴェンの手紙〈上〉』小松雄一郎編訳（岩波書店）、『ベートーヴェンの生涯』片山敏彦訳、『ロマン・ロラン全集』14所収（みすず書房）から。参考文献は、パム・ブラウン著『伝記　世界の作曲家4　ベートーベン』橘高弓枝訳（偕成社）、加藤純子著『子どもの伝記5　ベートーベン』（ポプラ社）。

絵・奥村かよこ

10 「三重苦《さんじゅうく》」を乗《の》りこえた ヘレン・ケラー

出会《であ》いは最高《さいこう》の宝《たから》もの

私《わたくし》は、お世話《せわ》になった小学校《しょうがっこう》の先生方《せんせいがた》のことを、今《いま》でもなつかしく思《おも》い出《だ》します。先生方《せんせいがた》のおかげで、私《わたくし》は学《まな》ぶ喜《よろこ》びを知《し》りました。世界《せかい》の広《ひろ》さや夢《ゆめ》を持《も》つことの大切《たいせつ》さ、誠実《せいじつ》と努力《どりょく》の尊《とうと》さを教《おそ》わりました。

みなさんも、いつも、おうえんしてくださった学校《がっこう》の先生方《せんせいがた》に、感謝《かんしゃ》を忘《わす》れないでいこうね。

きょうは、有名《ゆうめい》なヘレン・ケラーと、そのヘレンをはげまし、育《そだ》てたアン・サリバンという偉大《いだい》な先生《せんせい》との出会《であ》いの物語《ものがたり》を通《とお》して、学《まな》んでいきましょう。

ヘレンは、サリバン先生《せんせい》や多《おお》くの人《ひと》にささえられ、
目《め》や耳《みみ》が不自由《ふじゆう》な人々《ひとびと》をすくうため、世界中《せかいじゅう》を講演《こうえん》してまわりました。
3年間《ねんかん》でアメリカの123都市《とし》・249会場《かいじょう》をまわり、
25万人《まんにん》に勇気《ゆうき》をおくったこともありました

みなさん、両手《りょうて》で自分《じぶん》の左右《さゆう》の目《め》をかくしてみてください。何《なに》も見《み》えないでしょう。

では、今度《こんど》は両手《りょうて》で左右《さゆう》の耳《みみ》をふさいでみてください。何《なに》も聞《き》こえなくなりましたね。

最後《さいご》に、言葉《ことば》をしゃべらずに、お父《とう》さん、お母《かあ》さんにお願《ねが》いごとをしてみてください。通《つう》じましたか？　むずかしいですね。

ヘレン・ケラーは、この「見《み》る」「聞《き》く」「話《はな》す」の三《みっ》つのことができない「三重苦《さんじゅうく》」を背《せ》おいながら、明《あか》るくほがらかに生《い》きた女性《じょせい》です。

ヘレンは、1880年6月、アメリカで生《う》まれました。ところが、1歳《さい》7カ月《げつ》になった冬《ふゆ》、急《きゅう》に高熱《こうねつ》を出《だ》し、それが何日《なんにち》も続《つづ》きました。お父《とう》さんとお母《かあ》さんは、一生《いっしょう》けんめい看病《かんびょう》し、なおってほしいと願《ねが》いました。その

思《おも》いが通《つう》じたのか、やがて熱《ねつ》は下《さ》がりました。

しかし、両親《りょうしん》が話《はな》しかけても返事《へんじ》をしません。ヘレンは病気《びょうき》のせいで、目《め》で見《み》ることも、耳《みみ》で聞《き》くこともできなくなった。そして、しゃべることも忘《わす》れてしまったのです。

やがて首《くび》をふったりすることで、自分《じぶん》の気持《きも》ちは伝《つた》えられるようになりました。しかし、うまく伝《つた》わらないことや、気《き》に入《い》らないことがあると泣《な》きさけび、八《や》つ当《あ》たりせずにはいられませんでした。

そんなヘレンをなんとか助《たす》けてあげたいと手《て》をつくしていたお父《とう》さん、お母《かあ》さんのもとに、一人《ひとり》の乙女《おとめ》がしょうかいされました。学校《がっこう》を最優秀《さいゆうしゅう》の成績《せいせき》で卒業《そつぎょう》したばかりの、アン・サリバンです。

サリバンは、8歳《さい》でお母《かあ》さんを亡《な》くし、お酒《さけ》を飲《の》むばかりではたらかな

いお父《とう》さんと小《ちい》さな弟《おとうと》のまずしい家庭《かてい》に育《そだ》ちました。彼女自身《かのじょじしん》も、目《め》の病《びょう》気《き》で苦《くる》しんでいました。

つらいことに負《ま》けないで生《い》きる人《ひと》は、ほかの人《ひと》が苦《くる》しんだり、悲《かな》しんだりする気持《きも》ちが、よくわかります。だから、やさしくなれるのです。

サリバン先生《せんせい》は、ヘレンが7歳《さい》になるころから、家庭教師《かていきょうし》となりました。ヘレンの可能性《かのうせい》を信《しん》じ、根気《こんき》づよく教《おし》えてくれる先生《せんせい》を、ヘレンは信《しん》頼《らい》していきました。

ヘレンは、指《ゆび》の形《かたち》でアルファベットを一文字《ひともじ》ずつ表《あらわ》す「指文字《ゆびもじ》」を覚《おぼ》えました。それをサリバン先生《せんせい》はヘレンの手《て》のひらに書《か》いて、言葉《ことば》を教《おし》えました。でも何度《なんど》教《おそ》わっても、ヘレンには「どんなものにも、それぞれに名《な》前《まえ》がある」ということが理解《りかい》できなかったのです。

ヘレンは、サリバン先生《せんせい》がくみ上《あ》げる井戸《いど》の水《みず》に手《て》をふれ、言葉《ことば》の意味《いみ》を知《し》りました。その瞬間《しゅんかん》から、ヘレンの世界《せかい》は大《おお》きく開《ひら》かれていきました

ヘレンは、「コップ」と、その中《なか》の「水《みず》」の区別《くべつ》がつきません。ある時《とき》、先生《せんせい》は、庭《にわ》の井戸《いど》で水《みず》をくみ上《あ》げ、ヘレンの手《て》にコップを持《も》たせて、水《みず》の出口《でぐち》の下《した》に引《ひ》きよせました。コップから冷《つめ》たい水《みず》があふれて、ヘレンの手《て》の上《うえ》をいきおいよく流《なが》れていきます。先生《せんせい》は、ヘレンのもう一方《いっぽう》の手《て》に、何度《なんど》も指文字《ゆびもじ》で「WATER《ウォーター》（水《みず》）」と書《か》き

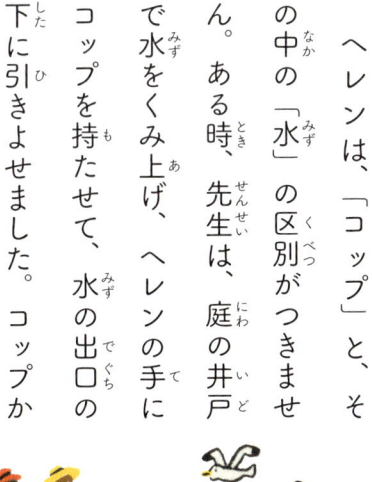

ました。

ヘレンは、ハッと気付《きづ》きました。今《いま》、手《て》の上《うえ》を流《なが》れているものには、「水《みず》」という名前《なまえ》があるのだと、ついにわかったのです。

そして、父《ちち》、母《はは》、妹《いもうと》、先生《せんせい》などの言葉《ことば》の意味《いみ》を知《し》り、どんどん学《まな》んでいきました。「心《こころ》の目《め》」が開《ひら》いたのです。「心《こころ》の耳《みみ》」が聞《き》こえたのです。学《まな》びの光《ひかり》が、心《こころ》の中《なか》にさしこんだのです。

ヘレンは、先生《せんせい》の手《て》と自分《じぶん》の手《て》をかさねて、指文字《ゆびもじ》でお話《はなし》ができるようになりました。点字《てんじ》という、ブツブツともりあがった、たくさんの点《てん》でできた文字《もじ》を読《よ》み取《と》ることで、本《ほん》も読《よ》めるようになりました。さらに努力《どりょく》を続《つづ》けて、口《くち》でお話《はなし》もできるようになり、文章《ぶんしょう》まで書《か》けるようになりました。

喜《よろこ》びに満《み》ちたヘレンの学《まな》びの前進《ぜんしん》は、止《と》まりません。

そのそばには、いつもサリバン先生《せんせい》がいたのです。

ヘレンには、大《おお》きな夢《ゆめ》がありました。大学《だいがく》に入《はい》ることです。目指《めざ》したのは、私《わたくし》も2度《ど》、お招《まね》きを受《う》けて講演《こうえん》をしたアメリカ最高峰《さいこうほう》のハーバード大《だい》学《がく》です。

友《とも》だちはみんな、無理《むり》だからやめた方《ほう》がいいと言《い》いましたが、サリバン先生《せんせい》とヘレンの「師弟《してい》」は、心一《こころひと》つに大学《だいがく》を目指《めざ》しました。

最愛《さいあい》のお父《とう》さんが亡《な》くなるという、悲《かな》しいできごともありました。けれども多《おお》くの人《ひと》のささえもあって、みごと、ハーバード大学《だいがく》の女子学生《じょしがくせい》が学《まな》ぶラドクリフ大学《だいがく》に合格《ごうかく》できたのです。

さらに、勉学《べんがく》に取《と》り組《く》んで、すばらしい成績《せいせき》で卒業《そつぎょう》することができました。

その後《ご》、ヘレンは、目《め》や耳《みみ》が不自由《ふじゆう》で苦《くる》しんでいる人《ひと》が、幸福《こうふく》に生《い》きられるようにはたらきました。世界《せかい》の国々《くにぐに》を訪問《ほうもん》して平和《へいわ》を訴《うった》え、人々《ひとびと》をはげまして回《まわ》りました。日本《にほん》にも、3回《かい》訪《おとず》れています。

初《はじ》めて来《き》た時《とき》は、桜《さくら》が満開《まんかい》のころでした。ヘレンは、〝困《こま》っている人《ひと》を助《たす》けようとする時《とき》、あなたの笑顔《えがお》は光《ひか》りかがやきます〟と語《かた》りました。

ヘレンが書《か》いた手紙《てがみ》の一《ひと》つは、創価学会《そうかがっかい》がおこなっている「21世紀《せいき》希《き》望《ぼう》の人権展《じんけんてん》」や「世界《せかい》の書籍展《しょせきてん》」でも展示《てんじ》されて、感動《かんどう》をよんでいます。

手紙《てがみ》には、こう書《か》かれています。

「光《ひかり》も音《おと》もない世界《せかい》でも、太陽《たいよう》や花《はな》や音楽《おんがく》を楽《たの》しむことができるなら、それこそ心《こころ》のふしぎさを証明《しょうめい》するものです」――その心《こころ》に秘《ひ》められた力《ちから》を引《ひ》

き出《だ》してくれたのが、師匠《ししょう》・サリバン先生《せんせい》だったのです。

ヘレンとサリバン先生《せんせい》の「師弟《してい》」を、世界中《せかいじゅう》がたたえました。

イギリスの名門《めいもん》グラスゴー大学《だいがく》は、1932年の6月15日にヘレンに「名誉博士号《めいよはかせごう》」をおくり、二人《ふたり》のことをほめたたえています。

じつは、その62年後《ねんご》（1994年）の同《おな》じ日《ひ》に、私《わたくし》はグラスゴー大学《だいがく》から「名誉博士号《めいよはかせごう》」をお受《う》けし、そこで「恩師《おんし》・戸田城聖先生《とだじょうせいせんせい》との出会《であ》い」をたたえていただいたのです。

ヘレンは、サリバン先生《せんせい》の代《か》わりの人《ひと》は〝考《かんが》えることはできません〟と、最大《さいだい》の感謝《かんしゃ》をこめて、ふりかえっています。

私《わたくし》も、戸田先生以外《とだせんせいいがい》の「師匠《ししょう》」を考《かんが》えることができません。先生《せんせい》と出会《であ》えたことで、今《いま》の私《わたくし》があります。先生《せんせい》のおかげで、最高《さいこう》の人生《じんせい》を歩《あゆ》めました。世界《せかい》の平和《へいわ》を目指《めざ》し、世界中《せかいじゅう》の人《ひと》と出会《であ》い、友情《ゆうじょう》を結《むす》ぶことができました。

そして今《いま》、少年少女部《しょうねんしょうじょぶ》のみなさんとこうして出会《であ》うことができました。

戸田先生《とだせんせい》との出会《であ》いが私《わたくし》の最高《さいこう》の宝《たから》ものであるように、みなさんこそ、私《わたくし》にとって、そして人類《じんるい》の未来《みらい》にとって、最高《さいこう》の宝《たから》ものなのです。

※ヘレン・ケラーの言葉は、岩橋英行著『青い鳥のうた　ヘレン・ケラーと日本』（日本放送出版協会）、ヘレン・ケラー著『わたしの生涯』岩橋武夫訳（角川書店）を参照。参考文献は、砂田弘著『おもしろくてやくにたつ子どもの伝記7　ヘレン・ケラー』（ポプラ社）、村岡花子著『伝記ヘレン・ケラー　村岡花子が伝えるその姿』（偕成社）、アン・サリバン著『ヘレン・ケラーはどう教育されたか』槇恭子訳（明治図書出版）ほか。

絵・さくらせかい

池田先生《いけだせんせい》は、ピアノをひいたり、すもうをとったり
〝ミニ綱《つな》引《ひ》き〟をしてはげまされました（1976年11月、石川《いしかわ》）

11

「赤毛《あかげ》のアン」の作者《さくしゃ》　モンゴメリ

きょうも、朝《あさ》の太陽《たいよう》はのぼる！

太陽《たいよう》は一日《いちにち》も休《やす》むことなくのぼります。

たとえ、くもりの日《ひ》でも、雨《あめ》がふっても、太陽《たいよう》は雲《くも》の向《む》こうで、休《やす》むことなくのぼります。太陽《たいよう》が顔《かお》を出《だ》すと、明《あか》るくなり、あたたかくなって、花《はな》や木《き》も、動物《どうぶつ》や虫《むし》たちも、元気《げんき》になります。

私《わたくし》たちも、朝《あさ》の太陽《たいよう》とともに、一日一日《いちにちいちにち》を、元気《げんき》いっぱいにスタートしよう！

みなさんがさわやかに「おはよう！」とあいさつすることは、朝《あさ》の太陽《たいよう》の光《ひかり》のように、ご家族《かぞく》や友《とも》だちの心《こころ》を照《て》らすのです。

モンゴメリは自分《じぶん》の体験《たいけん》をもとにして「赤毛《あかげ》のアン」をかきました。
主人公《しゅじんこう》のアンは、どんな時《とき》も希望《きぼう》をもち、夢見《ゆめみ》る心《こころ》を忘《わす》れません。
その姿《すがた》は、世界中《せかいじゅう》の読者《どくしゃ》をはげましてきました

みなさんは、『赤毛《あかげ》のアン』という本《ほん》を読《よ》んだことはありますか。悲《かな》しいできごとがあったり、失敗《しっぱい》をしたりしても、朝《あさ》になったら元気《げんき》になって、太陽《たいよう》のように明《あか》るく生《い》きた少女《しょうじょ》の物語《ものがたり》です。カナダの女性《じょせい》ルーシー・モード・モンゴメリが書《か》いたお話《はなし》で、世界中《せかいじゅう》で読《よ》まれ続《つづ》けています。

きょうは、朝《あさ》の光《ひかり》とともに、『赤毛《あかげ》のアン』の世界《せかい》に、行《い》ってみよう。

作者《さくしゃ》のモンゴメリは、1874年の11月、カナダの東部《とうぶ》にあるプリンス・エドワード島《とう》で生《う》まれました。モンゴメリがまだ2歳《さい》にもならないうちに、お母《かあ》さんは病気《びょうき》にかかり、亡《な》くなってしまいます。お父《とう》さんは、仕事《しごと》で島《しま》をはなれたため、おじいさんとおばあさんに育《そだ》てられました。

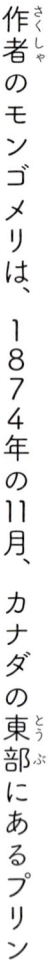

両親《りょうしん》がいないさびしさをなぐさめてくれたのは、島《しま》の美《うつく》しい自然《しぜん》です。家《いえ》の周《まわ》りには、きれいな森《もり》や海《うみ》や湖《みずうみ》が広《ひろ》がり、小川《おがわ》が流《なが》れ、色《いろ》とりどりの花《はな》が咲《さ》いて、動物《どうぶつ》たちもたくさんいました。モンゴメリは大好《だいす》きな花《はな》や木《き》、場所《ばしょ》に名前《なまえ》をつけては、ふるさとの島《しま》の自然《しぜん》を友《とも》だちのように大切《たいせつ》にして成長《せいちょう》していきました。

小学校《しょうがっこう》の入学式《にゅうがくしき》の翌日《よくじつ》のことです。モンゴメリは学校《がっこう》をちこくしてしまいました。だれにも気《き》づかれないよう、こっそりと教室《きょうしつ》に入《はい》り、自分《じぶん》の席《せき》に、すわりました。

しかし、大失敗《だいしっぱい》！　あわてていたので、ぼうしをかぶったままだったのです。それを見《み》たクラスのみんなは、大笑《おおわら》い。モンゴメリは、あまりのはずかしさで、教室《きょうしつ》からぬけ出《だ》してしまいました。大人《おとな》になっても、この日《ひ》

のことは忘《わす》れられませんでした。

でも、そんな思《おも》いをしたからこそ、モンゴメリのお話《はなし》には、自分《じぶん》のことがいやになったり、友《とも》だちのことがうらやましくて、さみしくなったりした子《こ》どもたちへの「はげまし」にみちています。

その時《とき》はくやしいこと、いやなことも、長《なが》い人生《じんせい》の中《なか》では、必《かなら》ず力《ちから》になって、役《やく》に立《た》っていくものです。すばらしい信心《しんじん》をもっているみなさんにとっては、なおさらです。大事《だいじ》なのは、何《なに》があっても負《ま》けないこと、失敗《しっぱい》してもくじけないことなのです。


モンゴメリは本《ほん》を読《よ》むのが大好《だいす》きでした。家《いえ》にある本《ほん》は暗記《あんき》するぐら

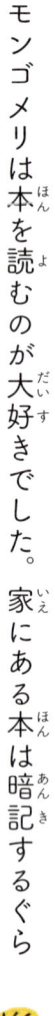

い、何度《なんど》も読《よ》みました。9歳《さい》のころから「日記《にっき》」をつけ始《はじ》め、楽《たの》しいこと、悲《かな》しかったことなど、何《なん》でも書《か》きました。そして、作家《さっか》になる夢《ゆめ》を大《おお》きく育《そだ》てていったのです。

卒業《そつぎょう》したモンゴメリは、19歳《さい》の時《とき》、学校《がっこう》の先生《せんせい》になりました。作家《さっか》になる夢《ゆめ》を忘《わす》れられず、家《いえ》に帰《かえ》ると机《つくえ》に向《む》かい、作品《さくひん》を書《か》き続《つづ》けましたが、なかなか進《すす》みません。

そこで、朝《あさ》1時間早《じかんはや》く起《お》きて、文《ぶん》を書《か》くようにしました。冬《ふゆ》はこごえるほど寒《さむ》い部屋《へや》でコートを着《き》て、ペンをにぎりました。やがて、少《すこ》しずつ自《じ》分《ぶん》の作品《さくひん》が新聞《しんぶん》や雑誌《ざっし》にのるようになります。そして33歳《さい》で『赤毛《あかげ》のアン』を出版《しゅっぱん》することができたのです。

モンゴメリは、夢《ゆめ》に向《む》かって朝一番《あさいちばん》に努力《どりょく》しました。来《く》る日《ひ》も来《く》る日《ひ》

も、たゆまずのぼる太陽《たいよう》とともに、朝《あさ》をがんばりぬいて、夢《ゆめ》をかなえたのです。

『赤毛《あかげ》のアン』もまた、そんなすばらしい朝《あさ》の出発《しゅっぱつ》のお話《はなし》が、たくさん出《で》てきます。

——物語《ものがたり》のはじまり、小《ちい》さい時《とき》にお父《とう》さん、お母《かあ》さんを亡《な》くしたひとりぼっちの少女《しょうじょ》アンは、ある駅《えき》にいます。

むかえにきてくれたのは、年老《としお》いたマシュウさんです。妹《いもうと》のマリラさんといっしょに、農場《のうじょう》の手伝《てつだ》いができる「男《おとこ》の子《こ》」を、しせつからもらうことにしていました。それが、いきちがいがあって、「女《おんな》の子《こ》」のアンがくる

ことになってしまったのです。

マシュウやマリラもびっくりしましたが、一番悲《いちばんかな》しかったのは、アンです。自分《じぶん》が来《き》たのはまちがいだったことを知《し》って、食事《しょくじ》ものどを通《とお》らないほどでした。

しかし、次《つぎ》の日《ひ》の朝《あさ》、アンが目《め》をさまして窓《まど》から外《そと》を見《み》ると……。

「朝《あさ》だ。こんなにも気持《きも》ちよく晴《は》れわたった朝《あさ》だ。それに窓《まど》の外《そと》では、サクラの花《はな》が満開《まんかい》だ。悲《かな》しみの黒雲《くろくも》なんか吹《ふ》きとばしてしまえ！」「朝《あさ》があるってほんとにすばらしいことじゃない？」と、元気《げんき》を取《と》りもどしていくのです。

木々《きぎ》も、花《はな》も、小川《おがわ》も、森《もり》も、朝《あさ》のすべてが、アンをはげましてくれているように思《おも》えました。

そんなアンを、マシュウもマリラも好《す》きになって、いっしょに仲《なか》よくくらしていきます。そうしてアンは二人《ふたり》にとって、かけがえのない宝物《たからもの》になっていくのです。

物語《ものがたり》が進《すす》むと、アンがすばらしい成績《せいせき》で進級《しんきゅう》し、先生《せんせい》になるための学校《がっこう》の入学試験《にゅうがくしけん》を受《う》ける場面《ばめん》があります。

アンは、算数《さんすう》が苦手《にがて》でした。いよいよ、あしたはその試験《しけん》の日《ひ》です。アンは、自分《じぶん》に言《い》い聞《き》かせました。

「あたしが幾何《きか》（＝算数《さんすう》）で失敗《しっぱい》しようがしまいが、太陽《たいよう》は相変《あいか》わらずのぼったり沈《しず》んだりするんだわ」

そうです！　何《なに》があっても、太陽《たいよう》はのぼるのです。暗《くら》い夜《よる》のような、さみしく、つらい時《とき》がずっと続《つづ》くように思《おも》えても、朝《あさ》は必《かなら》ずやってくるのです。

だから、うまくいくかどうか心配《しんぱい》するよりも、思《おも》い切《き》ってやってみることです。うまくいかなかったら、また、挑戦《ちょうせん》すればいいんです。太陽《たいよう》が、またのぼるように！

『赤毛《あかげ》のアン』には、続《つづ》きのお話《はなし》が、たくさんあります。

『アンの青春《せいしゅん》』という物語《ものがたり》には、大人《おとな》になったアンが、小《ちい》さな村《むら》の先生《せんせい》になって、がんばる姿《すがた》が書《か》かれています。

うまく教《おし》えられない自分《じぶん》がいやで、落《お》ち込《こ》むアンを、マリラがはげまします。その真心《まごころ》のおかげで、アンは次《つぎ》の朝《あさ》、心《こころ》が晴《は》ればれとしていました。そして、大好《だいす》きな詩《し》をうたいます。

「朝《あさ》ごとに、すべては新《あたら》しく始《はじ》まり
朝《あさ》ごとに、世界《せかい》は新《あたら》しく生《う》まれ変《か》わる」

みなさんにも、毎日毎日《まいにちまいにち》、新《あたら》しい朝《あさ》が来《き》ます。たとえ、きのうまで失敗《しっぱい》続《つづ》きでも、悲《かな》しいことがあっても、新《あたら》しい朝《あさ》が来《き》て、新《あたら》しい一日《いちにち》が始《はじ》まるのです。

「きょう」という一日《いちにち》は、まだ何《なに》も決《き》まっていません。それどころか、自《じ》分《ぶん》でどうするか決《き》めることができる、希望《きぼう》にみちた一日《いちにち》なのです。「きょうは、がんばるぞ」と心《こころ》に決《き》めれば、少《すこ》し大変《たいへん》なことがあっても、その通《とお》りにしていくことができます。

だから、まず朝《あさ》を元気《げんき》いっぱい出発《しゅっぱつ》しよう！　私《わたくし》たちには、その最高《さいこう》の元気《げんき》を引《ひ》き出《だ》せる勤行《ごんぎょう》・唱題《しょうだい》があります。

勤行《ごんぎょう》ができない時《とき》は、題目三唱《だいもくさんしょう》でもいい。題目《だいもく》には、全宇宙《ぜんうちゅう》に向《む》かって、「おはよう」のあいさつをおくるような、すごい力《ちから》があります。はつらつと、題目《だいもく》をとなえれば、エネルギーが満《まん》タンです。

さあ、朝《あさ》だ！　光《ひかり》だ！　希望《きぼう》だ！

きょうも元気《げんき》に飛《と》び出《で》そう！

※引用および参考文献は、『険しい道　モンゴメリ自叙伝』山口昌子訳（篠崎書林）、モンゴメリ著『赤毛のアン』村岡花子訳（旺文社）、モンゴメリ著『アンの青春』松本侑子訳（集英社）、奥田実紀著『名作を生んだ作家の伝記6　「赤毛のアン」の島で〜L・M・モンゴメリ〜』（文溪堂）ほか。

絵・奥村かよこ

12 童話《どうわ》の王《おう》さま アンデルセン

みんなの未来《みらい》は、すばらしい！

みなさんは「人魚姫《にんぎょひめ》」や「マッチ売《う》りの少女《しょうじょ》」、「はだかの王《おう》さま」や「おやゆび姫《ひめ》」などのお話《はなし》を読《よ》んだことがありますか。こうした名作《めいさく》を150もつくり、「童話《どうわ》の王《おう》さま」と呼《よ》ばれているのが、アンデルセンです。

少年少女部《しょうねんしょうじょぶ》の合唱団《がっしょうだん》の中《なか》には、「アンデルセン」の名前《なまえ》が入《はい》った合唱団《がっしょうだん》もあります。彼《かれ》が書《か》いた「雪《ゆき》の女王《じょおう》」の話《はなし》をもとにした映画《えいが》も、大《だい》ヒットしましたね。

アンデルセンが生《う》まれた国《くに》は、ヨーロッパの北《きた》の方《ほう》にあるデンマークです。首都《しゅと》のコペンハーゲンの海辺《うみべ》には「人魚姫《にんぎょひめ》の像《ぞう》」があり、私《わたくし》も、この

150もの童話《どうわ》をつくり、子《こ》どもたちに夢《ゆめ》と希望《きぼう》を送《おく》り続《つづ》けた
アンデルセン。めぐまれない環境《かんきょう》にも負《ま》けず、前《まえ》に進《すす》み続《つづ》けたからこそ、
世界中《せかいじゅう》で愛《あい》される作品《さくひん》が生《う》まれたのです

像《ぞう》の前《まえ》に立《た》ったことがあります。

デンマークは、創価学会初代会長《そうかがっかいしょだいかいちょう》の牧口常三郎先生《まきぐちつねさぶろうせんせい》が教育《きょういく》のもはんとして尊敬《そんけい》された国《くに》で、私《わたくし》もこの国《くに》の大教育者《だいきょういくしゃ》と対談集《たいだんしゅう》を発刊《はっかん》しました。この中《なか》でも、アンデルセンの童話《どうわ》には〝人《ひと》をいちばん大切《たいせつ》にする心《こころ》〟があふれていると語《かた》りあいました。

世界中《せかいじゅう》の人《ひと》が〝人《ひと》を大切《たいせつ》にする心《こころ》〟をもてば、必《かなら》ず平和《へいわ》な世《よ》の中《なか》になるにちがいありません。ですから、みなさんが〝友《とも》だちを大切《たいせつ》にする心《こころ》〟をかがやかせ、がんばっていることを聞《き》くと、私《わたくし》もうれしくなります。


アンデルセンの童話《どうわ》に、「みにくいあひるの子《こ》」があります。

――夏《なつ》のある日《ひ》、アヒルのお母《かあ》さんはずっと、たまごをあたためていました。すると、次々《つぎつぎ》と、かわいらしいヒナたちが生《う》まれてきました。しかし、最後《さいご》に生《う》まれたヒナは、とても大《おお》きく、灰色《はいいろ》の毛《け》でした。

そのため、友《とも》だちやきょうだいたちから〝みにくい〟といじめられ、とうとう、にげ出《だ》してしまいます。どこへ行《い》っても、みんなとちがうといわれ、仲間《なかま》はずれにされて、きびしい冬《ふゆ》を、ひとりぼっちですごしました。

やがて春《はる》になると、みにくいアヒルの子《こ》は、自分《じぶん》でも気《き》がつかないうちに、大空《おおぞら》を飛《と》ぶことができるようになっていました。

木々《きぎ》に囲《かこ》まれた池《いけ》におり立《た》つと、白鳥《はくちょう》たちがあらわれました。

〝きっと、みにくいと思《おも》っているんだろうな〟

アヒルの子《こ》は悲《かな》しくなって、うつむいた時《とき》、水面《すいめん》にうつった自分《じぶん》の姿《すがた》に

おどろきました。うつっていたのは〝みにくいアヒルの子《こ》〟ではなく〝一《いち》羽《わ》の美《うつく》しい白鳥《はくちょう》〟の姿《すがた》だったのです――。

この物語《ものがたり》は、アンデルセンが、自分《じぶん》の人生《じんせい》をふりかえって書《か》いたものといわれています。

アンデルセンは1805年4月2日、オーデンセという町《まち》に生《う》まれました。まずしいくらしでしたが、両親《りょうしん》の愛情《あいじょう》をたっぷり受《う》け、幸《しあわ》せな日々《ひび》を送《おく》っていました。お父《とう》さんは読書《どくしょ》が好《す》きで、幼《おさな》いアンデルセンに『アラビアン・ナイト』などの本《ほん》を読《よ》んでくれたり、おしばいに連《つ》れて行《い》ってくれたりしました。だから、アンデルセンは、小《ちい》さいころから本《ほん》やおしばいが大好《だいす》

アンデルセンは少年時代《しょうねんじだい》、とてもまずしく、
家《いえ》には本《ほん》があまりなかったため、
近所《きんじょ》の人《ひと》などに借《か》りて、読書《どくしょ》を続《つづ》けました

きになりました。

でも、お父《とう》さんはアンデルセンが11歳《さい》の時《とき》、病気《びょうき》で亡《な》くなってしまいます。生活《せいかつ》はさらに苦《くる》しくなりました。そのなかで、お母《かあ》さんが必死《ひっし》にはたらいて、育《そだ》ててくれたのです。

ある時《とき》、コペンハーゲンの劇《げき》団《だん》が町《まち》にやってきました。アンデルセンは、その劇《げき》に感動《かんどう》し、自分《じぶん》も役者《やくしゃ》になろうと決意《けつい》しま

した。そして14歳《さい》で役者《やくしゃ》を目指《めざ》し、コペンハーゲンへ、旅立《たびだ》ったのです。

しかし、その夢《ゆめ》は、あっけなく消《き》えてしまいます。どこにも、やとってもらえません。食《た》べるものにもこまる日々《ひび》が続《つづ》きました。でも、アンデルセンは、へこたれません。

役者《やくしゃ》がだめなら、劇《げき》の作者《さくしゃ》になろう——彼《かれ》は一生《いっしょう》けんめいに、物語《ものがたり》を書《か》いて、劇場《げきじょう》へ送《おく》り続《つづ》けました。すると、その一《ひと》つが認《みと》められ、学校《がっこう》に行《い》かせてもらえるようになったのです。

この時《とき》、アンデルセンは17歳《さい》。学校《がっこう》では、四《よっ》つも、五《いつ》つも年下《としした》の子《こ》どもたちといっしょに、勉強《べんきょう》をしなければなりませんでした。

一人《ひとり》だけ年上《としうえ》で、体《からだ》が大《おお》きかったせいか、いじわるな先生《せんせい》にからかわれたり、いじめられたりしました。それでも、勉強《べんきょう》をかさね、23歳《さい》で大学《だいがく》に

合格《ごうかく》することができました。そして、大学《だいがく》にいる時《とき》から、小説《しょうせつ》や詩《し》、童話《どうわ》をたくさん書《か》きはじめました。

失敗《しっぱい》も多《おお》かったけれど、負《ま》けずにがんばるアンデルセンには、応援《おうえん》してくれる人《ひと》がいっぱいいました。その人《ひと》たちにささえられて書《か》き続《つづ》け、やがて、世界中《せかいじゅう》の子《こ》どもたちに読《よ》みつがれる大作家《だいさっか》へと成長《せいちょう》していきました。

「みにくいあひるの子《こ》」のようにいじめられたアンデルセンが、みごとな「白鳥《はくちょう》」となって、世界文学《せかいぶんがく》の大空《おおぞら》へ羽《は》ばたいたのです。

自分《じぶん》が人《ひと》とちがうことで、いじめられることがあるかもしれない。しかし、そんな〝いじめ〟や〝差別《さべつ》〟は、絶対《ぜったい》にまちがっています。だから、

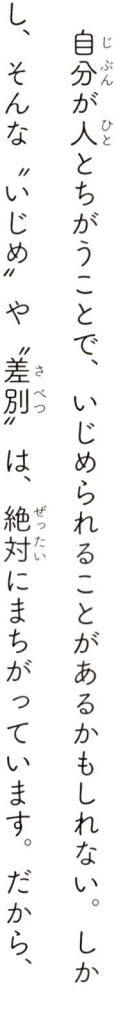

断《だん》じて負《ま》けてはいけない。

みんなは、自分《じぶん》にしかない、すばらしい〝宝《たから》もの〟をもっています。その〝宝《たから》もの〟を最高《さいこう》にかがやかせるのが、題目《だいもく》の力《ちから》です。今《いま》はわからなくても、いつか、必《かなら》ず分《わ》かる時《とき》がきます。

アンデルセンは記《しる》しています。「私《わたし》の今《いま》までの生涯《しょうがい》には晴《は》れた日《ひ》も曇《くも》った日《ひ》もあった。けれども、すべてはけっきょく私《わたし》のためになった」と。

どんな時《とき》も希望《きぼう》をもって挑戦《ちょうせん》する人《ひと》が、偉《えら》い人《ひと》です。何《なに》があっても挑戦《ちょうせん》を続《つづ》ける人《ひと》が、最後《さいご》に必《かなら》ず勝利《しょうり》する人《ひと》です。夢《ゆめ》をもち続《つづ》け、へこたれないで努力《どりょく》するかぎり、苦《くる》しいことも悲《かな》しいことも全部《ぜんぶ》、自分《じぶん》の成長《せいちょう》の力《ちから》に変《か》えられます。

現在《げんざい》、アンデルセンの誕生日《たんじょうび》である4月2日は「国際子《こくさいこ》どもの本《ほん》の日《ひ》」となり、日本《にほん》ではその日《ひ》をはさんだ2週間《しゅうかん》を「絵本週間《えほんしゅうかん》」として、絵本《えほん》に親《した》しむようにしています。

この4月2日は私《わたくし》の師匠《ししょう》・戸田城聖先生《とだじょうせいせんせい》の亡《な》くなられた日《ひ》です。私《わたくし》は、戸田先生《とだせんせい》が経営《けいえい》する出版社《しゅっぱんしゃ》ではたらき、21歳《さい》の時《とき》、少年雑誌《しょうねんざっし》の編集長《へんしゅうちょう》になりました。子《こ》どもたちにとって、おもしろくて、ためになるものをつくり、夢《ゆめ》と希望《きぼう》を送《おく》ろうとがんばりました。

私《わたくし》が、これまで童話《どうわ》をつくったり、こうして今《いま》、「希望《きぼう》の虹《にじ》」を書《か》いたりするのも、この時《とき》の誓《ちか》いがあるからです。私《わたくし》の願《ねが》いは、まったく変《か》わりません。少年少女部《しょうねんしょうじょぶ》のみなさん全員《ぜんいん》の健康《けんこう》と成長《せいちょう》をいのり、私《わたくし》も妻《つま》も一生《いっしょう》けんめいに題目《だいもく》を送《おく》ります。

アンデルセンは書《か》きました。

「小鳥《ことり》のつばさが窓《まど》をうつ／外《そと》へ出《で》よう、いますぐ！／知識《ちしき》の実《み》は外《そと》になっている／健康《けんこう》のリンゴと共《とも》に／さあ飛《と》んでいってその実《み》をつもう／すべてのすばらしいもの、美《うつく》しいものを！」

勉学第一《べんがくだいいち》、健康第一《けんこうだいいち》、そして、友情第一《ゆうじょうだいいち》、親孝行第一《おやこうこうだいいち》でいこう！

みなさんの未来《みらい》には、「すばらしいもの」「美《うつく》しいもの」が、いっぱい待《ま》っているのだから！

※アンデルセンの言葉は、『アンデルセン自伝』大畑末吉訳（岩波書店）、山室静著『新装　世界の伝記3　アンデルセン』（ぎょうせい）から。参考文献は、アンデルセン著『みにくいあひるの子』木村由利子訳（ほるぷ出版）、大石真著『チャイルド絵本館　伝記ものがたり7　アンデルセン』（チャイルド本社）ほか。

絵・奥村かよこ

〝ようこそ、池田先生《いけだせんせい》！〟――
ミラノの未来部《みらいぶ》メンバーが出迎《でむか》えてくれました
（1992年7月、イタリア）

13

中国人民《ちゅうごくじんみん》の父《ちち》 周恩来総理《しゅうおんらいそうり》

約束《やくそく》を大切《たいせつ》にする人に！

私《わたくし》が大事《だいじ》な約束《やくそく》を結《むす》んだ、尊敬《そんけい》する中国《ちゅうごく》の指導者《しどうしゃ》がおります。人々《ひとびと》から「人民《じんみん》の父《ちち》」としたわれた周恩来総理《しゅうおんらいそうり》です。中国《ちゅうごく》の大発展《だいはってん》の土《ど》台《だい》を築《きず》かれました。

総理《そうり》の青年時代《せいねんじだい》、中国《ちゅうごく》は何十年《なんじゅうねん》も、外国《がいこく》から侵略《しんりゃく》されてきました。とりわけ、1937年から45年までの日中戦争《にっちゅうせんそう》と第《だい》2次世界大戦《じせかいたいせん》では、多《おお》くの命《いのち》が失《うしな》われ、民衆《みんしゅう》は苦《くる》しみぬきました。日本《にほん》は中国《ちゅうごく》から漢字《かんじ》や仏教《ぶっきょう》など、さまざまなことを学《まな》んできましたが、その「文化大恩《ぶんかだいおん》の国《くに》」を日本《にほん》の軍部《ぐんぶ》政府《せいふ》はふみにじってしまったのです。

民衆《みんしゅう》の幸福《こうふく》を願《ねが》い、たくさんの人々《ひとびと》に、
はげましをおくってきた周恩来総理《しゅうおんらいそうり》。その誠実《せいじつ》な人《ひと》がらによって、
世界中《せかいじゅう》の人々《ひとびと》と信頼《しんらい》を築《きず》いてきました

周総理《しゅうそうり》は、若《わか》き日《ひ》から、人々《ひとびと》のために立《た》ち上《あ》がり、戦《せん》らんを乗《の》りこえて、1949年に「中華人民共和国《ちゅうかじんみんきょうわこく》」を新《あたら》しくつくったリーダーの一人《ひとり》です。けんめいに国《くに》の立《た》て直《なお》しにつとめました。しかし当時《とうじ》は「冷戦《れいせん》（冷《つめ》たい戦争《せんそう》）」といって、世界《せかい》が半分《はんぶん》に分《わ》かれて争《あらそ》っていた時代《じだい》です。新《あたら》しい中国《ちゅうごく》は「国連《こくれん》」に入《はい》ることが認《みと》められず、日本《にほん》とも、正式《せいしき》な交流《こうりゅう》がありませんでした。

そんななかで、私《わたくし》は1968年に、1万数千人《まんすうせんにん》の青年《せいねん》たちの前《まえ》で、日本《にほん》は中国《ちゅうごく》と仲《なか》よくするように呼《よ》びかけました。日本国内《にほんこくない》からは、多《おお》くの反対《はんたい》の声《こえ》が上《あ》がり、命《いのち》をねらわれるほどでした。しかし、この発表《はっぴょう》を周総理《しゅうそうり》は、だれよりも喜《よろこ》んでくださったのです。

総理《そうり》と私《わたくし》がお会《あ》いしたのは、1974年12月5日の寒《さむ》い寒《さむ》い夜《よる》、中国《ちゅうごく》の

首都《しゅと》・北京《ペキン》の病院《びょういん》でした。総理《そうり》は入院《にゅういん》されていましたが、私《わたくし》と妻《つま》を、立《た》って出迎《でむか》えてくださいました。

「よく、いらっしゃいました」

はっきりした声《こえ》でした。「どうしても、お会《あ》いしたいと思《おも》っていました」とおっしゃいました。

そして手《て》を力強《ちからづよ》くにぎり、総理《そうり》は、真《ま》っすぐに私《わたくし》の目《め》を見《み》つめられたのです。世界《せかい》の偉大《いだい》なリーダーはみな、必《かなら》ず、目《め》に光《ひかり》があります。

実《じつ》はこのとき、周総理《しゅうそうり》の病《やまい》はとても重《おも》く、人《ひと》と会《あ》うことを医師《いし》から大反対《だいはんたい》されていたと後《あと》でうかがいました。それでも、どんなことがあっても会《あ》わねばならないと、総理《そうり》がゆずらずに迎《むか》えてくださったのです。お体《からだ》を気《き》づかって、私《わたくし》たちは早《はや》めに退席《たいせき》しようとしましたが、周《まわ》りの心配《しんぱい》をふりは

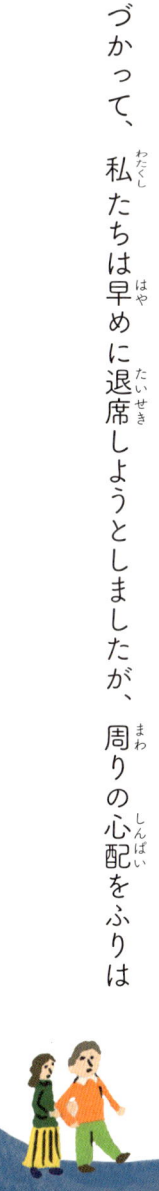

らうように、総理《そうり》は話《はなし》を続《つづ》けられました。

最後《さいご》に、私《わたくし》は「中国《ちゅうごく》の人民《じんみん》のためにも、世界《せかい》の平和《へいわ》のためにも、どうか、お元気《げんき》でいてください」と申《もう》し上《あ》げました。総理《そうり》は「これからは世界《せかい》の国々《くにぐに》がたがいに尊敬《そんけい》し、はげましあって進《すす》むべきです」と、力強《ちからづよ》く語《かた》られました。

このとき、総理《そうり》は76歳《さい》。私《わたくし》は46歳《さい》でした。アジアと世界《せかい》の平和《へいわ》のためにも、日本《にほん》と中国《ちゅうごく》は永遠《えいえん》の友好《ゆうこう》を築《きず》いていってほしいと、総理《そうり》は若《わか》い私《わたくし》にたくされたのです。

これが、総理《そうり》と私《わたくし》の約束《やくそく》です。

池田先生《いけだせんせい》と周総理《しゅうそうり》は、
日本《にほん》と中国《ちゅうごく》の永遠《えいえん》の友好《ゆうこう》を話《はな》しあわれました
（1974年12月、中国《ちゅうごく》・北京《ペキン》）

周恩来総理《しゅうおんらいそうり》が生《う》まれたのは、1898年の3月5日。中国東部《ちゅうごくとうぶ》の江蘇省《こうそしょう》というところです。

家《いえ》がまずしかったこともあり、おじさんの養子《ようし》となりました。おじさんが亡《な》くなった後《あと》も、おばさんは人一倍《ひといちばい》、周少年《しゅうしょうねん》に愛情《あいじょう》を注《そそ》いでくれ、詩《し》や歌《うた》、小説《しょうせつ》、絵画《かいが》など、いろいろな勉強《べんきょう》を教《おし》えてくれたのです。

しかし9歳《さい》のころ、悲《かな》しいことが起《お》こります。自分《じぶん》を生《う》んでくれたお母《かあ》さんと、この育《そだ》ての母《はは》のおばさんが立《た》て続《つづ》けに病気《びょうき》で命《いのち》をうばわれたのです。

周少年《しゅうしょうねん》は別《べつ》のおじさんをたよりに、千《せん》キロ以上《いじょう》もはなれた北《きた》の土地《とち》を訪《たず》ねて、引《ひ》っ越《こ》さなければなりませんでした。

そんな苦労《くろう》が続《つづ》いても、小学校《しょうがっこう》では宿題《しゅくだい》を欠《か》かさずやりきり、まじめで友《とも》だち思《おも》いのやさしい子《こ》でした。

ある日《ひ》、校長先生《こうちょうせんせい》がみんなに、「勉強《べんきょう》はなんのためにするのか？」と質問《しつもん》したことがあります。

みんなの答《こた》えは、「自分《じぶん》の将来《しょうらい》のためです」「お金《かね》をもうけて、金持《かねも》ちになるためです」といったものでした。

そこで周少年《しゅうしょうねん》は立《た》ち上《あ》がり、大《おお》きな声《こえ》で「中国《ちゅうごく》の人々《ひとびと》が立《た》ち上《あ》がるためです」と答《こた》えました。苦《くる》しんでいる人々《ひとびと》のために、社会《しゃかい》のためにという正《せい》義《ぎ》の心《こころ》が、明々《あかあか》と光《ひか》っていたのです。

小学校《しょうがっこう》を卒業《そつぎょう》すると、再《ふたた》び親《しん》せきをたよって、天津《テンチン》（てんしん）という街《まち》にある名門《めいもん》・南開学校《なんかいがっこう》に入学《にゅうがく》しました。昼《ひる》ごはんも満足《まんぞく》にとれない生活《せいかつ》が続《つづ》き、学校《がっこう》に着《き》ていく服《ふく》の着《き》がえもなく、自分《じぶん》で洗《せん》たくをしては、大切《たいせつ》に着《き》ました。そんななか、勉強《べんきょう》への情熱《じょうねつ》は燃《も》えさかりました。試練《しれん》に負《ま》けず、

努力《どりょく》を積《つ》みかさねる周青年《しゅうせいねん》の姿《すがた》に、学校《がっこう》の先生《せんせい》たちは胸《むね》を打《う》たれ、学費《がくひ》をはらわずに学《まな》べるようになりました。その後《ご》、日本《にほん》にも留学《りゅうがく》しています。周総理《しゅうそうり》が学《まな》んだ南開学校《なんかいがっこう》は、後《のち》に南開大学《なんかいだいがく》になりました。ありがたいことに、総理《そうり》と私《わたくし》の出会《であ》いの歴史《れきし》を大切《たいせつ》にしてくださり、大学《だいがく》には私《わたくし》たちの志《こころざし》を受《う》けつぐ学生団体《がくせいだんたい》がつくられ、未来《みらい》をになう英才《えいさい》たちが学《まな》びあっています。

少年《しょうねん》のころの決意《けつい》の通《とお》りに、周青年《しゅうせいねん》は苦《くる》しむ人々《ひとびと》につくす指導者《しどうしゃ》の道《みち》を歩《あゆ》んでいきました。命《いのち》におよぶような、たくさんの苦難《くなん》を乗《の》りこえ、中華《ちゅうか》人民共和国《じんみんきょうわこく》の初代《しょだい》の総理《そうり》（首相《しゅしょう》）として大かつやくされました。

周総理《しゅうそうり》の偉大《いだい》さは、どんな「約束《やくそく》」も大切《たいせつ》にしたことです。ある年《とし》、総理《そうり》が訪問《ほうもん》を約束《やくそく》したアフリカの国《くに》へ向《む》かう直前《ちょくぜん》、その国《くに》で大《おお》きな事件《じけん》が起《お》こりました。みんなは危険《きけん》な国《くに》へ行《い》くことに反対《はんたい》しましたが、総理《そうり》は、「人《ひと》が困難《こんなん》に出《で》あっていればいるほど、こちらは温《あたた》かく訪《たず》ねていって、応援《おうえん》してあげなければいけない」と訪問《ほうもん》されたのです。その国《くに》との友好《ゆうこう》は強《つよ》いものになりました。

友情《ゆうじょう》は、約束《やくそく》を守《まも》りぬく中《なか》で、ゆるがないものになります。相手《あいて》が困《こま》っているときに手《て》をさしのべる人《ひと》こそ、本物《ほんもの》の友人《ゆうじん》です。

創価大学《そうかだいがく》は毎年《まいとし》、春《はる》になると、キャンパスの「周桜《しゅうざくら》」「周夫婦桜《しゅうめおとざくら》」が見事《みごと》

な花《はな》をつけます。そこには総理《そうり》と夫人《ふじん》の鄧穎超先生《とうえいちょうせんせい》を尊敬《そんけい》する、多《おお》くのお客《きゃく》さまや青年《せいねん》たちが集《つど》います。

実《じつ》は周総理《しゅうそうり》は、若《わか》き日《ひ》に留学《りゅうがく》していた日本《にほん》を、桜《さくら》の咲《さ》くころ、はなれられました。私《わたくし》とお会《あ》いしたときも、再《ふたた》び桜《さくら》が咲《さ》くころの日本《にほん》へ行《い》き、新《あら》たな友好《ゆうこう》のスタートをと願《ねが》われていましたが、結局《けっきょく》、実現《じつげん》はできませんでした。

私《わたくし》は、その総理《そうり》の心《こころ》に何《なん》としてもお応《こた》えしたいと思《おも》いました。会見《かいけん》の次《つぎ》の年《とし》、中国《ちゅうごく》が新《あたら》しい国《くに》になって初《はじ》めての正式《せいしき》な留学生《りゅうがくせい》を、わが創価大学《そうかだいがく》に迎《むか》えることができました。その留学生《りゅうがくせい》と創大生《そうだいせい》の代表《だいひょう》に、「周桜《しゅうざくら》」の植樹《しょくじゅ》をしてもらったのです。

木《き》の苗《なえ》がたくさんの年月《ねんげつ》をかけて大木《たいぼく》に成長《せいちょう》するように、日中友好《にっちゅうゆうこう》は、次《つぎ》から次《つぎ》へと青年《せいねん》たちが受《う》けついでいってこそ、根《ね》をはり、花《はな》を咲《さ》かせる

ことができます。

私《わたくし》は、周総理《しゅうそうり》が亡《な》くなった後《あと》も、夫人《ふじん》の鄧穎超先生《とうえいちょうせんせい》と友情《ゆうじょう》を育《はぐく》み、教育《きょういく》や文化《ぶんか》、そして青年《せいねん》の交流《こうりゅう》に、さらに全力《ぜんりょく》を注《そそ》いできました。毎年《まいとし》のように、創価学会《そうかがっかい》の青年部《せいねんぶ》と中国《ちゅうごく》の青年団体《せいねんだんたい》が交流《こうりゅう》し、ますます友好《ゆうこう》が深《ふか》まっています。

「約束《やくそく》」の大切《たいせつ》さがえがかれた、『走《はし》れメロス』という物語《ものがたり》があります。主人公《しゅじんこう》の若者《わかもの》メロスが、悪《わる》い王様《おうさま》にとらえられた友《とも》との約束《やくそく》を守《まも》るために、命《いのち》をかけて走《はし》るのです。メロスも一度《いちど》はあきらめそうになりました。でもまたふるい立《た》ち、ついに走《はし》りぬいて約束《やくそく》を果《は》たします。そのメロスの

友情《ゆうじょう》が、ざんこくで疑《うたが》い深《ぶか》い王様《おうさま》の心《こころ》も変《か》え、勝利《しょうり》するのです。

みなさんは、「創価《そうか》のメロス」となってください。私《わたくし》からは、世界市民《せかいしみん》の友情《ゆうじょう》と平和《へいわ》のバトンをたくします。

私《わたくし》と君《きみ》たちとの約束《やくそく》です。

そのために、今《いま》は、大《おお》いに学《まな》び、きたえ、力《ちから》をつけてください。

また、元気《げんき》に語《かた》りあいましょう!

※引用および参考文献は、蘇叔陽著『人間　周恩来』竹内実訳(サイマル出版会)、ハン・スーイン著『長兄――周恩来の生涯』川口洋・美樹子訳(新潮社)ほか。

絵・奥村かよこ

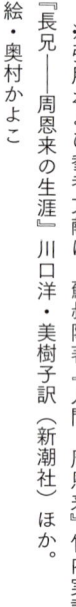

池田《いけだ》先生《せんせい》は、横浜《よこはま》の山下公園《やましたこうえん》に集《つど》ったメンバーの輪《わ》の中《なか》に入《はい》り
温《あた》かく声《こえ》をかけられました
（1986年5月、神奈川《かながわ》）

14

日本《にほん》初《はつ》の女性医師《じょせいいし》 荻野吟子《おぎのぎんこ》

「負《ま》けじ魂《だましい》」の人《ひと》に！

みなさんは今《いま》、どんな夢《ゆめ》をもっていますか？

スポーツ選手《せんしゅ》、パティシエ、学校《がっこう》の先生《せんせい》など、将来《しょうらい》やりたい仕事《しごと》を、思《おも》いうかべている人《ひと》もいるでしょう。

また、「宇宙《うちゅう》へ行《い》く」「科学《かがく》の大発見《だいはっけん》をする」「世界平和《せかいへいわ》のためにかつやくする」などの夢《ゆめ》もありますね。

明治時代《めいじじだい》の半《なか》ば、〝日本《にほん》で最初《さいしょ》の女性医師《じょせいいし》になる〟という夢《ゆめ》をかなえた人《ひと》がいます。

それは荻野吟子《おぎのぎんこ》です。きょうは、女医《じょい》の先駆者《せんくしゃ》の「負《ま》けじ魂《だましい》」と「夢《ゆめ》へ

夢《ゆめ》をかなえて日本初《にほんはつ》の女性医師《じょせいいし》となった荻野吟子《おぎのぎんこ》。
たくさんの女性《じょせい》の患者《かんじゃ》が、吟子《ぎんこ》を求《もと》めて医院《いいん》を訪《おとず》れました。
吟子《ぎんこ》は医者《いしゃ》としてはたらくなか、
女性《じょせい》の教育《きょういく》や地位《ちい》の向上《こうじょう》のための活動《かつどう》にも尽力《じんりょく》しました

のチャレンジ」を学《まな》んでいきましょう。

荻野吟子《おぎのぎんこ》が生《う》まれたのは、江戸時代《えどじだい》の終《お》わりの1851年です。現在《げんざい》の埼玉県熊谷市《さいたまけんくまがやし》で、大《おお》きな農家《のうか》の7人《にん》きょうだいの5女《じょ》として、すくすくと成長《せいちょう》していきました。

お父《とう》さんは学問《がくもん》が好《す》きで、子《こ》どもたちの教育《きょういく》に熱心《ねっしん》でした。吟子《ぎんこ》は、お兄《にい》さんたちが習《なら》っている読《よ》み書《か》きやそろばんなどに興味《きょうみ》を持《も》ち、勉強《べんきょう》が大《だい》好《す》きになりました。

でも、そのころはまだ、女性《じょせい》には学問《がくもん》は必要《ひつよう》ないと考《かんが》えていた人《ひと》も少《すく》なくありませんでした。吟子《ぎんこ》も勉学《べんがく》の道《みち》ではなく、親《おや》にすすめられるまま、

10代《だい》で結婚《けっこん》しました。

でもしばらくして、吟子《ぎんこ》は病気《びょうき》にかかります。高熱《こうねつ》が出《で》たり、思《おも》うように動《うご》けなかったり、とても苦《くる》しみました。いい薬《くすり》もなく、夫《おっと》のもとをはなれ、実家《じっか》で病気《びょうき》を治《なお》すこととなりました。

おちこむ吟子《ぎんこ》を、友《とも》だちが勇気《ゆうき》づけました。

「学問《がくもん》で身《み》を立《た》てるという方法《ほうほう》もある！」と。

友情《ゆうじょう》は、一生《いっしょう》の宝《たから》ものです。

吟子《ぎんこ》は友《とも》の言葉《ことば》にはげまされ、病気《びょうき》を早《はや》く治《なお》して、勉強《べんきょう》しようと決意《けつい》したのです。

吟子《ぎんこ》は東京《とうきょう》の病院《びょういん》に入院《にゅういん》しました。当時《とうじ》の日本《にほん》では、医者《いしゃ》といえば男性《だんせい》しかいません。吟子《ぎんこ》は診察《しんさつ》のたびに、〝せめて女性《じょせい》の医者《いしゃ》がいてくれさえす

れば！〟と、強《つよ》く思《おも》いました。

そして、自分《じぶん》と同《おな》じ思《おも》いをしている女性《じょせい》が世《よ》の中《なか》にたくさんいることに気《き》づき、〝女性《じょせい》の医者《いしゃ》がいないのであれば、わたしが医者《いしゃ》になるほかない〟と、挑戦《ちょうせん》を始《はじ》めたのです。

あの美《うつく》しい富士山《ふじさん》の頂上《ちょうじょう》には、実《じつ》はとっても強《つよ》い風《かぜ》がふいています。同《おな》じように、何事《なにごと》においても、先頭《せんとう》に立《た》って進《すす》んでいく人《ひと》は、だれよりも、向《む》かい風《かぜ》を強《つよ》く受《う》けていかなければなりません。

だれもやったことのない、新《あたら》しいことをするには、人一倍《ひといちばい》の「負《ま》けじ魂《だましい》」が必要《ひつよう》なのです。

吟子《ぎんこ》は医者《いしゃ》になるため、男子学生《だんしがくせい》しかいなかった
医学校《いがっこう》に入《はい》り、猛勉強《もうべんきょう》を。いじわるをされても、
〝人《ひと》のためにつくしたい〟との思《おも》いでがんばりました

吟子《ぎんこ》が医師《いし》になるためにも、ねばり強《づよ》く、あきらめずに、大《おお》きな「かべ」を乗《の》りこえていかなければなりませんでした。

まず、「そもそも、女性《じょせい》が通《かよ》うことのできる医学校《いがっこう》がない」という「かべ」がありました。

また、何《なん》とかして入学《にゅうがく》できても、男性《だんせい》ばかりの中《なか》で女性《じょせい》が勉《べん》強《きょう》をやりぬき、卒業《そつぎょう》するということは、当時《とうじ》はとても大変《たいへん》なこ

とであり、これも大《おお》きな「かべ」でした。

そして最後《さいご》に、がんばって学校《がっこう》を卒業《そつぎょう》できても、お医者《いしゃ》さんとしてやっていくには、国《くに》の許可《きょか》をえる必要《ひつよう》があります。今《いま》では想像《そうぞう》もできませんが、当時《とうじ》は、だれもなったことがない「女性《じょせい》のお医者《いしゃ》さん」が許可《きょか》されること自体《じたい》も、大変《たいへん》な「かべ」だったのです。

でも吟子《ぎんこ》は、負《ま》けませんでした。

医学校《いがっこう》への入学《にゅうがく》を認《みと》められるまで、実《じつ》に10年近《ねんちか》くもの間《あいだ》、自身《じしん》の病《やまい》とたたかいながら勉強《べんきょう》をかさねました。

やっと医学校《いがっこう》に入《はい》れたものの、女性《じょせい》といっしょに学《まな》ぶことに反発《はんぱつ》する男《おとこ》の医学生《いがくせい》から、悪口《わるくち》を言《い》われたこともありました。それでも歯《は》をくいしばって努力《どりょく》し、優秀《ゆうしゅう》な成績《せいせき》で卒業《そつぎょう》しました。

お医者《いしゃ》さんになるための試験《しけん》を受《う》けるのに2年間《ねんかん》、待《ま》たされましたが、その間《あいだ》もがまん強《づよ》く、何度《なんど》も何度《なんど》も挑戦《ちょうせん》しました。

そんな中《なか》で、吟子《ぎんこ》のお母《かあ》さんは目《め》の病気《びょうき》をわずらい、片目《かため》が見《み》えなくなってしまいます。お母《かあ》さんを看病《かんびょう》しながら、吟子《ぎんこ》はさらに強《つよ》く、どんな「かべ」があっても絶対《ぜったい》に医者《いしゃ》になろうと、心《こころ》に誓《ちか》いました。

こうして「負《ま》けじ魂《だましい》」でがんばっていたころの気持《きも》ちを、のちに彼女《かのじょ》は語《かた》っています。

「悪口《わるくち》やいじわるは、一度《いちど》に、私《わたし》に向《む》かってやってきました。進《すす》むこともできず、かといって逃《に》げるわけにもいきません。もうこれ以上《いじょう》、やるべきことはないというほど、やりきりました。体《からだ》はくたくたに疲《つか》れていましたが、心《こころ》はいよいよ元気《げんき》いっぱいでした」と。

そんな吟子《ぎんこ》の〝医者《いしゃ》になって人《ひと》のためにつくしたい〟との情熱《じょうねつ》は、少《すこ》しずつ、人々《ひとびと》の心《こころ》を動《うご》かしていきました。そして1885年、女性《じょせい》でただ1人、医師試験《いししけん》に合格《ごうかく》し、日本最初《にほんさいしょ》の公認《こうにん》の女性医師《じょせいいし》となったのです。34歳《さい》の時《とき》でした。吟子《ぎんこ》の勝利《しょうり》を見届《みとど》けたかのように、その年《とし》、お母《かあ》さんは息《いき》を引《ひ》き取《と》りました。

その後《ご》、医院《いいん》を開業《かいぎょう》した吟子《ぎんこ》は、医師《いし》としてはたらくとともに、女性《じょせい》の地位《ちい》の向上《こうじょう》に向《む》け、さまざまな活動《かつどう》にも取《と》り組《く》みました。彼女《かのじょ》たちの活動《かつどう》によって、女性《じょせい》がかがやく舞台《ぶたい》は、大《おお》きく開《ひら》かれていきました。

現在《げんざい》では、医師試験《いししけん》の合格者《ごうかくしゃ》の30パーセント以上《いじょう》が女性《じょせい》です。創価学会《そうかがっかい》にもドクター部《ぶ》という集《あつ》まりがあります。女性《じょせい》の医師《いし》もたくさんかつやくしています。

おたがいにはげましあい、病気《びょうき》に苦《くる》しむ人《ひと》に手《て》を差《さ》しのべて、日夜《にちや》、いのちを守《まも》っているのです。

21世紀《せいき》を「生命《せいめい》の世紀《せいき》」「生命尊厳《せいめいそんげん》の世紀《せいき》」とするために、みんなが奮闘《ふんとう》してくれています。私《わたくし》と妻《つま》は、いつも感謝《かんしゃ》し、題目《だいもく》を送《おく》っています。

荻野吟子《おぎのぎんこ》は、どうやって、さまざまな「かべ」を乗《の》りこえられたのか。

それは、自分《じぶん》と同《おな》じように苦《くる》しんでいる人《ひと》を助《たす》けたいという「原点《げんてん》」があったからです。そして、「人《ひと》のため」「社会《しゃかい》のため」という大《おお》きな心《こころ》が、吟子《ぎんこ》の「負《ま》けじ魂《だましい》」を、とても強《つよ》いものにしたのです。

人間《にんげん》は、自分《じぶん》のことだけ考《かんが》えていれば、気楽《きらく》かもしれません。でも、次《し》

第《だい》に小《ちい》さな心《こころ》になってしまいます。人《ひと》のため、社会《しゃかい》のためという大《おお》きな目的《もくてき》に向《む》かって学《まな》べば、大《おお》きな心《こころ》、大《おお》きな自分《じぶん》になれる。大《おお》きな心《こころ》を持《も》てる人《ひと》が、大《おお》きな苦労《くろう》も乗《の》りこえて、大《おお》きな幸福《こうふく》を勝《か》ち取《と》る人《ひと》です。

「かべ」にぶつかり、苦《くる》しいことがおそいかかってきた時《とき》こそ、むしろ、心《こころ》を大《おお》きくするチャンスなのです。

彼女《かのじょ》は言《い》っています。

「思《おも》えば、人《ひと》の世《よ》には千年《せんねん》の昔《むかし》から、心《こころ》きずつくことがたくさんあります。心《こころ》きずつき、おちこんでしまうようなことが、多《おお》くの人《ひと》を宝石《ほうせき》のようにみがきあげます」と。

何《なに》があっても負《ま》けない人《ひと》こそが、自分《じぶん》を宝石《ほうせき》のようにかがやかせることができるのです。

どんなに悪口《わるくち》を言《い》われても信心《しんじん》をつらぬき、同志《どうし》を守《まも》りぬいた弟子《でし》を、日蓮大聖人《にちれんだいしょうにん》は「負《ま》けじ魂《だましい》の人《ひと》」（御書《ごしょ》986ページ、意味《いみ》）とおおせになり、たたえました。

私《わたくし》も若《わか》き日《ひ》、病弱《びょうじゃく》な体《からだ》で、仕事《しごと》に、学会活動《がっかいかつどう》にと走《はし》りぬくなか、この言《こと》葉《ば》を学《まな》びました。その時《とき》の感動《かんどう》は、今《いま》も忘《わす》れることができません。

どうか、みなさんも、「かべ」にぶつかった時《とき》こそ、「さあ、ここからだ！」と、なやみを成長《せいちょう》のバネにしていく「負《ま》けじ魂《だましい》」の人《ひと》になってください。

その「負《ま》けじ魂《だましい》」を引《ひ》き出《だ》してくれるカギが、題目《だいもく》です。題目《だいもく》を唱《とな》えれば、なやみは全部《ぜんぶ》、前進《ぜんしん》のエネルギーに変《か》わります。勇気《ゆうき》と知恵《ちえ》が生命《せいめい》からわき上《あ》がってきます。

さあ、題目《だいもく》を唱《とな》え、ほがらかに、学《まな》びの道《みち》、挑戦《ちょうせん》の道《みち》、努力《どりょく》の道《みち》を進《すす》ん

でいこう。

努力《どりょく》の先《さき》に、勝利《しょうり》は必《かなら》ず待《ま》っている！　みなさんの健康《けんこう》と大成長《だいせいちょう》を祈《いの》っているからね！

※荻野吟子の言葉は、「女学雑誌」（明治26年9月30日発売、第３５４号）にのった言葉をわかりやすく直したものです。参考文献は、韮塚一三郎著『埼玉の女たち』（さきたま出版会）、堺正一著『埼玉の三偉人』（さわらび舎）、加藤純子著『伝記を読もう7　荻野吟子　日本で初めての女性医師』（あかね書房）、西條敏美著『理系の扉を開いた日本の女性たち―ゆかりの地を訪ねて』（新泉社）、『歴史読本』編集部編『新人物文庫　物語　明治・大正を生きた女１０１人』（ＫＡＤＯＫＡＷＡ）ほか。

絵・本間幸子

「こんにちは！」―池田先生《いけだせんせい》は、会館《かいかん》に来《き》た
未来《みらい》っ子《こ》たちにあいさつされました
（1990年11月、高知《こうち》）

15 人権《じんけん》の闘士《とうし》 キング博士《はかせ》

夢《ゆめ》を持《も》つことはすばらしい！

未来部《みらいぶ》のみなさんの夢《ゆめ》は、何《なん》ですか？「自分《じぶん》はこうなりたい」「将来《しょうらい》、こんなことをしてみたい」と、大《おお》いに夢《ゆめ》をえがいてみてほしい。

そして、ぜひ、自分《じぶん》の「夢《ゆめ》」を大《おお》きくひろげてもらいたいのです。「夢《ゆめ》」を大《おお》きくひろげることは、「心《こころ》」を、「青春《せいしゅん》」の可能性《かのうせい》を、大《おお》きくひろげることだからです。

半世紀前《はんせいきまえ》の1963年8月28日、アメリカの首都《しゅと》ワシントンに集《あつ》まった25万《まん》もの人々《ひとびと》に向《む》かって、「私《わたし》には夢《ゆめ》がある！」とさけんだ青年《せいねん》がいました。人権《じんけん》の闘士《とうし》マーチン・ルーサー・キング博士《はかせ》です。

差別《さべつ》をなくしたいと、首都《しゅと》のワシントンに集《あつ》まった人々《ひとびと》に、
キング博士《はかせ》は「私《わたし》には夢《ゆめ》がある！」と語《かた》りました。
そのさけびは、みんなに勇気《ゆうき》を送《おく》り、やがて社会《しゃかい》が変《か》わり始《はじ》めました

博士《はかせ》の夢《ゆめ》は、「今《いま》は小《ちい》さな私《わたし》の４人《にん》の子《こ》どもたちが、いつの日《ひ》か肌《はだ》の色《いろ》ではなく、内《うち》なる人格《じんかく》で人《ひと》の偉《えら》さが決《き》まる国《くに》に住《す》めるようになる」ことでした。当時《とうじ》のアメリカには、特《とく》に南部《なんぶ》の地域《ちいき》で、肌《はだ》の色《いろ》で人間《にんげん》が差別《さべつ》されるという、まちがった考《かんが》え方《かた》や決《き》まりがありました。その考《かんが》え方《かた》にしたがわなければ、暴力《ぼうりょく》をふるわれたり、命《いのち》をねらわれたり、たいほされたりすることもあったのです。

差別《さべつ》をなくそうと行動《こうどう》する人《ひと》はいましたが、数《かず》も少《すく》なく、広《ひろ》がりもありませんでした。そんな中《なか》でキング博士《はかせ》は、どんなひどい目《め》にあっても、おどされても、そのたびに勇気《ゆうき》をふるって立《た》ち上《あ》がりました。

「私《わたし》には夢《ゆめ》がある」――ワシントンであの日《ひ》、あの時《とき》、キング博士《はかせ》が語《かた》った夢《ゆめ》が、みんなの心《こころ》を一《ひと》つにしていきました。そして、その夢《ゆめ》に向《む》かって

博士《はかせ》を先頭《せんとう》に、民衆《みんしゅう》の大行進《だいこうしん》が始《はじ》まったのです。今回《こんかい》は、キング博士《はかせ》の人生《じんせい》を通《とお》して、夢《ゆめ》をかなえる勇気《ゆうき》と、あきらめない心《こころ》を学《まな》びましょう。

キング博士《はかせ》の誕生日《たんじょうび》は、1929年の1月15日です。アメリカ南部《なんぶ》の街《まち》・アトランタに生《う》まれました。両親《りょうしん》、おばあちゃん、きょうだいに囲《かこ》まれ、明《あか》るく元気《げんき》に育《そだ》ちました。家族《かぞく》のみんなで歌《うた》を歌《うた》うのも好《す》きでした。

キング少年《しょうねん》は、お父《とう》さんが差別《さべつ》とたたかう姿《すがた》を見《み》て成長《せいちょう》しました。ある時《とき》、お父《とう》さんが運転《うんてん》する車《くるま》に乗《の》っていると、白人《はくじん》の警官《けいかん》がその車《くるま》を止《と》め、お父《とう》さんに向《む》かって「ボーイ……」と話《はな》しかけました。日本語《にほんご》では「お

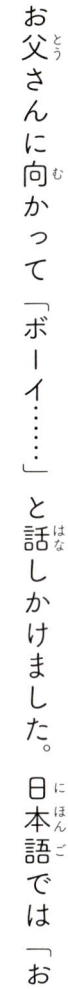

い、小僧《こぞう》」というような、見《み》くだした言《い》い方《かた》でした。お父《とう》さんは「私《わたし》は、大人《おとな》だ」と胸《むね》をはって答《こた》えました。お父《とう》さんのいかりをキング少年《しょうねん》は心《こころ》にきざみつけました。

人間《にんげん》には、人《ひと》それぞれ「ちがい」があります。「ちがい」がない人《ひと》はいません。「ちがい」は、その人《ひと》のかけがえのない個性《こせい》です。

だから、「ちがい」をばかにするのは、絶対《ぜったい》にまちがいです。他人《たにん》との「ちがい」を大事《だいじ》にできる人《ひと》が、人《ひと》から大事《だいじ》にされる人《ひと》です。おたがいの「ちがい」から学《まな》びあえば、心《こころ》が大《おお》きく豊《ゆた》かになります。

キング博士《はかせ》は、学《まな》びに学《まな》んで、大学《だいがく》と大学院《だいがくいん》で優秀《ゆうしゅう》な成績《せいせき》をおさめまし

キング少年《しょうねん》は、不公平《ふこうへい》に苦《くる》しむ人《ひと》の役《やく》に立《た》とうと、
勉強《べんきょう》も読書《どくしょ》も一生《いっしょう》けんめい、がんばるようになりました

た。前途《ぜんと》は洋々《ようよう》と開《ひら》かれていました。

　しかし博士《はかせ》が選《えら》んだのは、差《さ》別《べつ》に苦《くる》しんでいる人《ひと》がたくさんいる南部《なんぶ》の地域《ちいき》にもどり、そこではたらいて、人々《ひとびと》の役《やく》に立《た》つ道《みち》でした。博士《はかせ》が25歳《さい》の時《とき》のことです。

　ある時《とき》、キング博士《はかせ》がはたらきはじめたアラバマ州《しゅう》モントゴメリーの街《まち》で、事件《じけん》が起《お》こりま

す。黒人《こくじん》の女性《じょせい》がバスに乗《の》って座《すわ》っていると、一方的《いっぽうてき》に、席《せき》から立《た》つよう運転手《うんてんしゅ》に言《い》われました。黒人《こくじん》には、そこに座《すわ》る権利《けんり》がないというのです。彼女《かのじょ》は、きっぱりと「ノー」と言《い》って、きょひしたため、たいほされてしまいました。

長《なが》い間《あいだ》、多《おお》くの人《ひと》が、そうした差別《さべつ》をなくすのは無理《むり》だと思《おも》ってきました。しかし、たいほの知《し》らせを聞《き》いて、みんなは、ついに立《た》ち上《あ》がりました。そして、黒人《こくじん》を差別《さべつ》するバスに乗《の》るのをみんなでやめる「バス・ボイコット運動《うんどう》」を始《はじ》めたのです。

キング博士《はかせ》は、その中心《ちゅうしん》となり、仕事場《しごとば》への遠《とお》い道《みち》もバスに乗《の》らず歩《ある》いて通《かよ》う人《ひと》たちをはげましました。

自動車《じどうしゃ》に乗《の》るようにすすめられた、ある黒人《こくじん》のおばあさんは、「私《わたし》の足《あし》は

疲《つか》れていますが、心《こころ》は安《やす》らいでいますよ」と胸《むね》を張《は》りました。

運動《うんどう》の参加者《さんかしゃ》は、暴力《ぼうりょく》をふるわれることもありました。でも、博士《はかせ》たちは、みんなで歌《うた》を歌《うた》いながらはげましあいました。暴力《ぼうりょく》に暴力《ぼうりょく》で立《た》ち向《む》かえば、また暴力《ぼうりょく》が返《かえ》ってくるだけで、何《なに》も解決《かいけつ》しないと知《し》っていたからです。

キング博士《はかせ》は、一生《いっしょう》をかけて非暴力《ひぼうりょく》の信念《しんねん》をつらぬきました。

当時《とうじ》のケネディ大統領《だいとうりょう》とも直接話《ちょくせつはな》しあって、差別《さべつ》をなくすよう、うったえました。暴力《ぼうりょく》に苦《くる》しめられている人々《ひとびと》のもとに行《い》き、悲《かな》しいできごとが起《お》これば、いっしょに悲《かな》しんで、「それでも私《わたし》は夢《ゆめ》を持《も》つ。なぜなら、人生《じんせい》にはあきらめるということがありえないからです」と語《かた》り、団結《だんけつ》して非暴《ひぼう》力《りょく》の運動《うんどう》を進《すす》めていきました。

やがて、黒人《こくじん》への差別《さべつ》を禁止《きんし》する新《あたら》しい法律《ほうりつ》ができました。博士《はかせ》と同志《どうし》

たちの夢《ゆめ》が、ついに一歩実現《いっぽじつげん》したのです。

夢《ゆめ》をかなえるには、その夢《ゆめ》をあきらめないことです。たとえ、その夢《ゆめ》がどんなに遠《とお》くても、今《いま》の自分《じぶん》には無理《むり》に思《おも》えても、勇気《ゆうき》を出《だ》して、あきらめずに努力《どりょく》することです。絶対《ぜったい》にかなう、かなえてみせると決《き》めて挑戦《ちょうせん》し続《つづ》けることです。

キング博士《はかせ》と共《とも》にたたかい、博士《はかせ》が亡《な》くなった後《あと》も、その尊《とうと》い夢《ゆめ》を受《う》けついで行動《こうどう》されてきた方々《かたがた》と、私《わたくし》は交流《こうりゅう》をかさねています。その一人《ひとり》で、私《わたくし》との対談集《たいだんしゅう》を発刊《はっかん》した歴史学者《れきしがくしゃ》のハーディング博士《はかせ》もまた、「一歩《いっぽ》を踏《ふ》み出《だ》し、夢《ゆめ》をふくらませ、行動《こうどう》を起《お》こす。いずれの局面《きょくめん》も勇気《ゆうき》があってこそです」と語《かた》られていました。

21世紀《せいき》になって、アメリカでは初《はじ》めて黒人《こくじん》の大統領《だいとうりょう》が、リーダーシップ

を発揮《はっき》しました。キング博士《はかせ》の夢《ゆめ》は、さらに未来《みらい》へと受《う》けつがれていくでしょう。

「先生《せんせい》の夢《ゆめ》は何《なん》ですか？」

かつて、関西創価学園《かんさいそうかがくえん》の女子高校生《じょしこうこうせい》が、私《わたくし》に質問《しつもん》してくれたことがあります。「私《わたくし》の夢《ゆめ》は、戸田先生《とだせんせい》の夢《ゆめ》を実現《じつげん》することです」と答《こた》えました。

戸田先生《とだせんせい》の夢《ゆめ》は、たくさんありました。どれも、大《おお》きな大《おお》きな夢《ゆめ》でした。

ある時《とき》は、「大学《だいがく》をつくろう」と言《い》われました。

また、ある時《とき》は、「君《きみ》の本当《ほんとう》の舞台《ぶたい》は世界《せかい》だよ」と言《い》われました。

戸田先生《とだせんせい》は、世界中《せかいじゅう》から不幸《ふこう》で悲《かな》しむ人《ひと》をなくしたかったのです。でも

そのころ、海外《かいがい》の人《ひと》が題目《だいもく》を唱《とな》える時代《じだい》が来《く》ることを、だれも信《しん》じられませんでした。

私《わたくし》は、先生《せんせい》の夢《ゆめ》を実現《じつげん》するためにはたらきにはたらきました。戸田先生《とだせんせい》の夢《ゆめ》だった創価《そうか》の名前《なまえ》のついた学校《がっこう》も、日本《にほん》とアメリカの大学《だいがく》をはじめ、世界各地《せかいかくち》につくりました。

また、日本《にほん》と世界《せかい》をかけめぐって、多《おお》くの人《ひと》と語《かた》り、友情《ゆうじょう》を結《むす》び、平和《へいわ》への波《なみ》を起《お》こしてきました。

今《いま》、世界中《せかいじゅう》にみなさんの仲間《なかま》がいて、題目《だいもく》を唱《とな》え、勉学《べんがく》にはげんでいます。夢《ゆめ》の実現《じつげん》へ挑戦《ちょうせん》する君《きみ》たちを、お父《とう》さん、お母《かあ》さん、学会《がっかい》のおじさん、おばさん、お兄《にい》さん、お姉《ねえ》さんが必《かなら》ずはげまし、ささえてくれます。

世界《せかい》の友《とも》が最大《さいだい》に期待《きたい》しています。

そして私《わたくし》が祈《いの》り、エールを送《おく》り続《つづ》けます。君《きみ》たちがあきらめそうになっても、私《わたくし》はあきらめません。みなさんの勝利《しょうり》もまた、私《わたくし》の夢《ゆめ》だからです。

さあ、みなさんは、ししの子《こ》です。夢《ゆめ》を持《も》ち、夢《ゆめ》をひろげ、夢《ゆめ》に向《む》かって、一歩前進《いっぽぜんしん》しよう。題目《だいもく》という、無限《むげん》の力《ちから》がわいてくる〝希望《きぼう》のエンジン〟を全開《ぜんかい》にして！

※マーチン・ルーサー・キングの言葉は、梶原寿著『約束の地をめざして』（新教出版社）から（一部表記を改めました）。引用および参考文献は、ビンセント・ハーディング／池田大作著『希望の教育　平和の行進』（第三文明社）、ナイジェル・リチャードソン著『キング博士　わたしには夢がある』金原瑞人訳（第三文明社）、クレイボーン・カーソン編『マーティン・ルーサー・キング自伝』梶原寿訳（日本基督教団出版局）、V・シュローデト、P・ブラウン著『伝記　世界を変えた人々2　キング牧師』松村佐知子訳（偕成社）ほか。

絵・田中ケイコ

16 ゴルバチョフ元《もと》ソ連《れん》大統領《だいとうりょう》とライサ夫人《ふじん》

自分《じぶん》らしく「目標《もくひょう》」を立《た》てよう！

私《わたくし》には、ずっと大事《だいじ》にしてきた目標《もくひょう》があります。それは、一人一人《ひとりひとり》の「人間革命《にんげんかくめい》」によって、世界《せかい》から悲惨《ひさん》をなくし、平和《へいわ》を広《ひろ》げることです。師《し》匠《しょう》である戸田城聖先生《とだじょうせいせんせい》から受《う》けつぎ、私《わたくし》が自分《じぶん》の使命《しめい》と決《き》めた目標《もくひょう》です。

私《わたくし》は戸田先生《とだせんせい》の弟子《でし》として、人類《じんるい》の平和《へいわ》と幸福《こうふく》という同《おな》じ目標《もくひょう》を持《も》つ世《せ》界中《かいじゅう》の人々《ひとびと》と語《かた》りあい、友情《ゆうじょう》を結《むす》んできました。

そうした友人《ゆうじん》の中《なか》に、ミハイル・ゴルバチョフさんと、夫人《ふじん》のライサさんがいます。ゴルバチョフさんは、むかしの「ソ連《れん》」という、ロシアとそのほかの国々《くにぐに》による世界《せかい》で1番広《ばんひろ》い国《くに》の大統領《だいとうりょう》をつとめました。

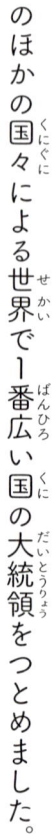

長年《ながねん》にわたり、「世界平和《せかいへいわ》」という目標《もくひょう》に向《む》かって、勇気《ゆうき》の行動《こうどう》を続《つづ》けてきた、
ゴルバチョフ元《もと》ソ連大統領《れんだいとうりょう》とライサ夫人《ふじん》。対話《たいわ》の時代《じだい》を開《ひら》いた功績《こうせき》が
たたえられ、1990年、ゴルバチョフさんにノーベル平和賞《へいわしょう》がおくられました

ゴルバチョフさんとは、これまで10回《かい》お会《あ》いし、いっしょに対談集《たいだんしゅう》を発刊《はっかん》しました。創価大学《そうかだいがく》にもお迎《むか》えし、その時《とき》、記念《きねん》に「ゴルバチョフ夫婦《めおと》桜《ざくら》」を植樹《しょくじゅ》したことを、それはそれは喜《よろこ》んでくれました。残念《ざんねん》ながら、ライサさんは亡《な》くなられましたが、ゴルバチョフさんとは今《いま》も、友情《ゆうじょう》を深《ふか》めています。

ゴルバチョフさんは、1931年3月、ロシアの西《にし》の方《ほう》にある農村《のうそん》に生《う》まれました。家《いえ》は農家《のうか》でした。

第《だい》2次世界大戦《じせかいたいせん》という大《おお》きな戦争《せんそう》が始《はじ》まったのは、10歳《さい》のころでした。お父《とう》さんも兵士《へいし》として戦争《せんそう》に連《つ》れて行《い》かれました。ゴルバチョフさんも、

私《わたくし》も、少年時代《しょうねんじだい》に戦争《せんそう》の残《ざん》こくさを、いやというほど体験《たいけん》したのです。

お母《かあ》さんは、一家《いっか》の生活《せいかつ》をささえるために、夜明《よあ》けとともに畑《はたけ》を耕《たがや》し、草取《くさと》りをしてはたらきました。ゴルバチョフ少年《しょうねん》もお母《かあ》さんを手伝《てつだ》って、いろいろな仕事《しごと》をするようになりました。飼《か》っている牛《うし》たちに干《ほ》し草《くさ》をあげたり、動物《どうぶつ》のふんを固《かた》めた燃料《ねんりょう》を用意《ようい》したり……そのため、学校《がっこう》に行《い》って勉強《べんきょう》することができなくなってしまいました。

もう一度《いちど》、学校《がっこう》に通《かよ》えるようになったのは、2年後《ねんご》のこと。しかし学校《がっこう》でも、家族《かぞく》のことなどが心配《しんぱい》で、勉強《べんきょう》に集中《しゅうちゅう》できません。前《まえ》に習《なら》ったことも忘《わす》れてしまい、授業《じゅぎょう》を聞《き》いていても、何《なに》もわからなくなってしまいました。

ある日《ひ》、ゴルバチョフ少年《しょうねん》は、お母《かあ》さんに言《い》いました。

「学校《がっこう》にはもう行《い》かない」

お母《かあ》さんは悲《かな》しみましたが、その後《ご》、たくさんの本《ほん》を買《か》ってきてくれました。ゴルバチョフ少年《しょうねん》は、「行《い》かないと言《い》ったら行《い》かないよ」と意地《いじ》をはっていました。でも、本《ほん》を開《ひら》いてページをめくるうちに、いつの間《ま》にかむちゅうになっていきました。そのおかげで、やっぱり学校《がっこう》に行《い》って学《まな》ぼうと思《おも》うことができました。そして、それからは、一生《いっしょう》けんめい勉強《べんきょう》するようになったのです。

戦争《せんそう》に行《い》ったお父《とう》さんも、お母《かあ》さんに手紙《てがみ》を送《おく》り、「家財《かざい》をすべて売《う》り払《はら》ってでも、ミハイル（＝ゴルバチョフさん）に服《ふく》を着《き》せ、靴《くつ》をはかせ、本《ほん》を買《か》ってあげなさい。彼《かれ》にはかならず勉強《べんきょう》させてほしい」と伝《つた》えてきました。

そんなご両親《りょうしん》の深《ふか》い愛情《あいじょう》に包《つつ》まれ、ゴルバチョフさんは勉強《べんきょう》も、畑仕事《はたけしごと》もがんばりました。そして、モスクワ大学《だいがく》という歴史《れきし》のある最優秀《さいゆうしゅう》の大学《だいがく》

ゴルバチョフさんと池田《いけだ》先生《せんせい》の友情《ゆうじょう》の語《かた》らいは、これまで10度《ど》を数《かぞ》えます
（2003年3月、東京《とうきょう》）

に入《はい》りました。この大学《だいがく》で、後《のち》に夫人《ふじん》となるライサさんと出会《であ》います。

ライサさんも、ゴルバチョフさんと同《おな》じように、子《こ》どものころは戦争《せんそう》の時代《じだい》で、たくさん苦《くる》しい思《おも》いをしてきました。だから、ゴルバチョフさんが大学《だいがく》を卒業《そつぎょう》して政治家《せいじか》になり、ロシアの民衆《みんしゅう》のためにはたらくようになると、ライサさんは同《おな》じ気持《きも》ちで、ゴルバチョフさんをささえるようになりました。

私《わたくし》と対談集《たいだんしゅう》をつくった時《とき》、その中《なか》でゴルバチョフさんは「学生時代《がくせいじだい》の決心《けっしん》」を語《かた》ってくれました。それは「現実《げんじつ》を理想《りそう》と合致《がっち》させよう（＝ぴったりあわせよう）！」です。つまり、みんながつらく苦《くる》しい生活《せいかつ》を送《おく》らねばならない「現実《げんじつ》」を〝改革《かいかく》〟し、みんなが「理想《りそう》」と思《おも》う平和《へいわ》で幸福《こうふく》な生活《せいかつ》ができるようにしよう！――ということでした。

ゴルバチョフさんは国《くに》の指導者《しどうしゃ》に選《えら》ばれた時《とき》、この決心《けっしん》をこめて、ロシア語《ご》で「改革《かいかく》」を意味《いみ》する言葉《ことば》の「ペレストロイカ」を目標《もくひょう》にかかげて取《と》り組《く》みました。当時《とうじ》のイギリスの首相《しゅしょう》は、これを「平和革命《へいわかくめい》」と呼《よ》びました。

ゴルバチョフさんが、かつて、「私《わたし》は、自分《じぶん》の父《ちち》と母《はは》に本当《ほんとう》に誇《ほこ》りをもっています」と話《はな》されていたことを、私《わたくし》はなつかしく思《おも》い出《だ》します。苦労《くろう》してはたらくお父《とう》さんとお母《かあ》さんの姿《すがた》が、ゴルバチョフさんの心《こころ》の中《なか》から消《き》えることはありませんでした。だから、何《なに》があっても、がんばれました。

自分《じぶん》が立《た》てた目標《もくひょう》を達成《たっせい》するため、お父《とう》さん、お母《かあ》さんのごとく、しんぼう強《づよ》く、またお父《とう》さん、お母《かあ》さんのようなまじめな庶民《しょみん》のためにと努力《どりょく》

をかさね続《つづ》けました。

「目的《もくてき》を達成《たっせい》しゆくひたむきな姿勢《しせい》こそが最《もっと》も大事《だいじ》」と、ゴルバチョフさんは語《かた》られています。そしてまた「最《もっと》も困難《こんなん》」だとも言《い》われています。

まさにゴルバチョフさんの前進《ぜんしん》は、「困難《こんなん》」ばかりでした。「改革《かいかく》」に反《はん》対《たい》する人《ひと》や理解《りかい》しない人《ひと》もたくさんいました。うまくいかないと、悪口《わるくち》もたくさん言《い》われました。命《いのち》もねらわれました。

それでも、ゴルバチョフさんは目的達成《もくてきたっせい》への歩《あゆ》みを止《と》めませんでした。ソ連《れん》の大統領《だいとうりょう》となってからは、人々《ひとびと》が平和《へいわ》で幸福《こうふく》な生活《せいかつ》をするという「理《り》想《そう》」を世界《せかい》で実現《じつげん》するために、軍隊《ぐんたい》や兵器《へいき》を減《へ》らし、文化《ぶんか》や経済《けいざい》の交流《こうりゅう》を活発《かっぱつ》にしました。

そしてついに、長《なが》い間《あいだ》、世界《せかい》が半分《はんぶん》に分《わ》かれて争《あらそ》っていた「冷戦《れいせん》（冷《つめ》たい

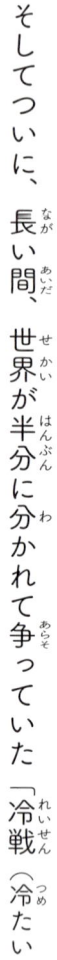

戦争《せんそう》)」と呼《よ》ばれる時代《じだい》を、アメリカの大統領《だいとうりょう》と対話《たいわ》して、終《お》わらせることができたのです。

ゴルバチョフさんとライサさんは、1997年に、関西創価学園《かんさいそうかがくえん》に来《き》てくれました。この時《とき》、ゴルバチョフさんに続《つづ》いて、ライサさんは、人生《じんせい》には、つらいことがあったり、傷《きず》つき、思《おも》うようにならなかったりすることがあるかもしれない、と言《い》われたあとで、ほほえみながら、学園生《がくえんせい》たちにこう語《かた》りかけてくれました。

「しかし、『達成《たっせい》できる何《なに》か』はある。『実現《じつげん》できる夢《ゆめ》』はあるのです。ゆえに、最後《さいご》に勝利《しょうり》する人《ひと》とは、たとえ転《ころ》んでも、立《た》ち上《あ》がり、再《ふたた》び前《まえ》へ進《すす》

む人《ひと》です」

「目標《もくひょう》」と聞《き》くと、〝ちょっと大変《たいへん》そうだな〟と感《かん》じるかもしれません。とちゅうで、くじけることもあるかもしれません。でも、ライサさんが言《い》うように、転《ころ》んでも、また立《た》ち上《あ》がればいいのです。自分《じぶん》が挑戦《ちょうせん》してみようと思《おも》ったことに、一歩《いっぽ》ふみ出《だ》せばいいのです。

朝《あさ》は自分《じぶん》で起《お》きる。

「おはよう」のあいさつをする。

お母《かあ》さんのお手伝《てつだ》いをする。

少《すこ》しでも、御本尊《ごほんぞん》の前《まえ》に座《すわ》る。

全部《ぜんぶ》、すばらしい「目標《もくひょう》」です。達成《たっせい》できないのではないか、と不安《ふあん》に思《おも》う必要《ひつよう》は、まったくありません。

可能性《かのうせい》は無限大《むげんだい》なんだから、思《おも》い切《き》り、体当《たいあ》たりでぶつかるのです。目《もく》標《ひょう》に向《む》かって、がんばる人《ひと》が偉《えら》い人《ひと》です。がんばり続《つづ》ける人《ひと》が勝利者《しょうりしゃ》です。

少年少女部《しょうねんしょうじょぶ》のみなさんには、絶対勝利《ぜったいしょうり》のお題目《だいもく》があります。お父《とう》さん、お母《かあ》さん、日本中《にほんじゅう》、世界中《せかいじゅう》の創価家族《そうかかぞく》のみんなが、応《おう》えんしてくれます。

だから、何《なに》も心配《しんぱい》することはないんだよ。

みんな、誇《ほこ》り高《たか》い「正義《せいぎ》の走者《そうしゃ》」です。自分《じぶん》らしく、自分《じぶん》ががんばれる目標《もくひょう》を立《た》てて、心新《こころあら》たに走《はし》り出《だ》そうよ！

※ゴルバチョフと父の言葉は、ミハイル・ゴルバチョフ著『ゴルバチョフ回想録〈上〉』工藤精一郎・鈴木康雄訳（新潮社）、M・S・ゴルバチョフ／池田大作著『二十世紀の精神の教訓〈上〉』（聖教新聞社）。
参考文献は、ライーサ・ゴルバチョフ著『ゴルバチョフとともに』山口瑞彦訳（読売新聞社）、中澤孝之著『ゴルバチョフと池田大作』（角川書店）ほか。

絵・さくらせかい

海外《かいがい》から来日《らいにち》した未来《みらい》の友《とも》を大歓迎《だいかんげい》される池田先生《いけだせんせい》
（2008年5月、東京《とうきょう》）

17 エレノア・ルーズベルト　元《もと》アメリカ大統領《だいとうりょう》夫人《ふじん》

だれもが、かけがえのない大切《たいせつ》な人《ひと》

私《わたくし》の師匠《ししょう》である戸田先生《とだせんせい》が、よく言《い》われていたのは、「人生《じんせい》は強気《つよき》でいけ！」ということです。

だれもが、すばらしい生命《せいめい》を持《も》っている。ゆえに自分《じぶん》のことを「だめだ」などと決《き》めつけて、弱気《よわき》になってはならない。青年《せいねん》らしく胸《むね》を張《は》って、強《つよ》くほがらかに進《すす》みゆけ！——と教《おし》えてくださったのです。

どんな人《ひと》にも、何《なに》よりも尊《とうと》い生命《せいめい》があります。一人《ひとり》一人《ひとり》に、その人《ひと》にしかない使命《しめい》があります。こうした「人間《にんげん》が人間《にんげん》らしく生《い》きる権利《けんり》」を「人権《じんけん》」といいます。

多《おお》くの国《くに》のリーダーが集《あつ》まる国連《こくれん》の会議《かいぎ》で、エレノア・ルーズベルトさんは
〝世界中《せかいじゅう》が心《こころ》を1つにしていけば、必《かなら》ず平和《へいわ》が訪《おとず》れる〟
とうったえました。エレノアさんのねばり強《づよ》い対話《たいわ》によって、
「世界人権宣言《せかいじんけんせんげん》」が賛成多数《さんせいたすう》で採択《さいたく》され、
世界中《せかいじゅう》の人々《ひとびと》が幸《しあわ》せに生《い》きるための基本的《きほんてき》なルールができたのです

この「人権《じんけん》」を守《まも》るためにがんばりぬいた女性《じょせい》が、アメリカにいます。エレノア・ルーズベルト元大統領夫人《もとだいとうりょうふじん》です。夫《おっと》はアメリカの第《だい》32代《だい》、フランクリン・ルーズベルト大統領《だいとうりょう》です。

エレノアさんは世界中《せかいじゅう》を訪問《ほうもん》して、いじめられている人《ひと》や恵《めぐ》まれない人《ひと》の声《こえ》に耳《みみ》をかたむけ、そうした人《ひと》たちを守《まも》る「世界人権宣言《せかいじんけんせんげん》」の作成《さくせい》と採択《さいたく》に貢献《こうけん》しました。「20世紀《せいき》のアメリカで最《もっと》も大《おお》きな功績《こうせき》をあげた女性《じょせい》」として、第《だい》1位《い》に選《えら》ばれた人物《じんぶつ》です。

しかしエレノアさんは、子《こ》どものころは、とても気《き》が弱《よわ》く、自分《じぶん》に自信《じしん》がありませんでした。そんな彼女《かのじょ》が、なぜ世界《せかい》から尊敬《そんけい》される人《ひと》になることができたのか、いっしょに学《まな》んでいきましょう！

エレノアさんは1884年10月、アメリカのニューヨークで生《う》まれました。お父《とう》さん、お母《かあ》さん、弟《おとうと》2人の5人家族《にんかぞく》で、何不自由《なにふじゆう》のない生活《せいかつ》でしたが、幸《しあわ》せではありませんでした。幼《おさな》いころから、顔《かお》など外見《がいけん》（見《み》た目《め》のすがた）を悪《わる》く言《い》われて、傷《きず》つき、すっかりおくびょうで内気《うちき》な性格《せいかく》になってしまったのです。

さらに、エレノアさんが8歳《さい》の時《とき》にお母《かあ》さんが亡《な》くなり、9歳《さい》の時《とき》には大好《だいす》きなお父《とう》さんが亡《な》くなりました。旅行《りょこう》で訪《おとず》れた国《くに》の話《はなし》や、苦《くる》しんでいる人々《ひとびと》が世界《せかい》にはたくさんいることを教《おし》えてくれる、やさしいお父《とう》さんでした。

エレノアさんは、小《ちい》さな体《からだ》で大《おお》きな悲《かな》しみに立《た》ち向《む》かいました。心《こころ》のさ

さえは、お父《とう》さんとの楽《たの》しい思《おも》い出《で》と読書《どくしょ》でした。たくさんの本《ほん》を読《よ》み、学《まな》ぶ喜《よろこ》びを生《い》きる力《ちから》に変《か》え、おばあさんの家《いえ》に引《ひ》き取《と》られた後《あと》も、語学《ごがく》や音楽《おんがく》、家事《かじ》など、多《おお》くのことに挑戦《ちょうせん》したのです。

15歳《さい》になった時《とき》、おばあさんのすすめで、イギリスの女学校《じょがっこう》に入学《にゅうがく》しました。そこで、すばらしい校長先生《こうちょうせんせい》と出会《であ》い、エレノアさんの生命《せいめい》は大《おお》きく花開《はなひら》いていきます。

校長先生《こうちょうせんせい》は、生徒《せいと》に「人間《にんげん》というのはだれもが、この世《よ》をよりよくするために生《う》まれてきました」と、よく話《はな》しました。社会的《しゃかいてき》な地位《ちい》や名誉《めいよ》、外《がい》見《けん》などよりも、物事《ものごと》を自分《じぶん》の目《め》で見《み》て考《かんが》えたり、ほかの人《ひと》に救《すく》いの手《て》を差《さ》しのべたりすることが大切《たいせつ》だと教《おし》えたのです。

その通《とお》りにエレノアさんは、だれにでも親切《しんせつ》に接《せっ》し、勉強《べんきょう》をがんばりぬ

エレノアさんは少女時代《しょうじょじだい》、内気《うちき》な性格《せいかく》でした。友《とも》だちもなかなかできず、いつもひとりぼっちでした

きました。やさしくて努力家《どりょくか》の彼女《かのじょ》を、先生《せんせい》もクラスメートも大好《だいす》きになり、エレノアさんは、だんだん自信《じしん》がついていったのです。

後《のち》に、エレノアさんは子《こ》ども時代《じだい》をふり返《かえ》り、自分《じぶん》に自信《じしん》が持《も》てない内気《うちき》な性格《せいかく》を乗《の》りこえる方法《ほうほう》を3つあげています。

1つ目《め》は「人《ひと》に良《よ》い印象《いんしょう》を与《あた》えようとか、人《ひと》が自分《じぶん》をどう思《おも》っているか、とかをくよくよ考《かんが》えないこと」です。彼女《かのじょ》は、人《ひと》が自分《じぶん》のことをどう思《おも》うかと考《かんが》えるかわりに、人《ひと》のために何《なに》か自分《じぶん》ができることはないかと考《かんが》えるようにしました。

2つ目《め》は「興味《きょうみ》があること、やりたいと思《おも》うことに、心《こころ》から打《う》ちこむこと」です。学校《がっこう》では語学《ごがく》の勉強《べんきょう》にはげみ、いつも使《つか》っている英語《えいご》とともに、フランス語《ご》、イタリア語《ご》、ドイツ語《ご》を学《まな》び、合《あ》わせて4つの言語《げんご》を話《はな》せるようになったといいます。

3つ目《め》は「冒険心《ぼうけんしん》と経験《けいけん》を求《もと》める気持《きも》ち」です。新《あたら》しいことに挑戦《ちょうせん》し、経験《けいけん》をかさねて、勇気《ゆうき》を出《だ》すくせをつけていったのです。

みなさんも、「人前《ひとまえ》で話《はな》すのが苦手《にがて》だな」「授業中《じゅぎょうちゅう》に手《て》をあげるのがはず

かしいな」などと思《おも》うことがあるかもしれません。そんな時《とき》は、エレノアさんのように、思《おも》い切《き》って挑戦《ちょうせん》してみよう。一歩《いっぽ》ふみ出《だ》す勇気《ゆうき》が、新《あたら》しい自分《じぶん》の可能性《かのうせい》を開《ひら》いていきます。

女学校《じょがっこう》を卒業《そつぎょう》したエレノアさんは、ニューヨークにもどり、フランクリン・ルーズベルトさんと結婚《けっこん》しました。幸《しあわ》せな日々《ひび》でしたが、3人目《にんめ》の子《こ》どもが、生《う》まれてすぐに亡《な》くなってしまいます。エレノア夫人《ふじん》は悲《かな》しみを乗《の》りこえ、ニューヨーク州《しゅう》の議員《ぎいん》に立候補《りっこうほ》した夫《おっと》を応《おう》えんし、当選《とうせん》を勝《か》ち取《と》りました。母《はは》として5人《にん》の子《こ》を育《そだ》てながら、若《わか》き政治家《せいじか》の夫《おっと》をささえていきました。

1921年のある日《ひ》のこと、夫《おっと》のフランクリンが重《おも》い病気《びょうき》にかかって歩《ある》けなくなりました。当時《とうじ》、車《くるま》いすの生活《せいかつ》では、政治家《せいじか》を続《つづ》けていくのはとても無理《むり》だと思《おも》われましたが、エレノア夫人《ふじん》は夫《おっと》のかわりに演説《えんぜつ》に立《た》ち、夫《おっと》が自信《じしん》を取《と》りもどせるように応《おう》えんし続《つづ》けました。その姿《すがた》にフランクリンも勇気《ゆうき》づけられ、リハビリに取《と》り組《く》み、つえがあれば立《た》てるようになりました。

病気《びょうき》から7年後《ねんご》の1928年、ニューヨーク州知事《しゅうちじ》に当選《とうせん》。そして1933年には、アメリカ大統領《だいとうりょう》になったのです。

大統領《だいとうりょう》に就任《しゅうにん》すると、恵《めぐ》まれない人《ひと》を助《たす》ける法律《ほうりつ》を次々《つぎつぎ》と作《つく》っていきました。エレノア夫人《ふじん》もアメリカ中《じゅう》から毎日《まいにち》、山《やま》のように届《とど》く手紙《てがみ》に目《め》を通《とお》し、遠《とお》くに行《い》けない夫《おっと》のかわりに飛《と》びまわり、人々《ひとびと》をはげましました。

第《だい》2次《じ》世界大戦中《せかいたいせんちゅう》の1945年4月、夫《おっと》のフランクリン・ルーズベルト大統領《だいとうりょう》は病気《びょうき》で急死《きゅうし》しました。大統領《だいとうりょう》には、暴力《ぼうりょく》や戦争《せんそう》のない未来《みらい》を築《きず》くため、世界中《せかいじゅう》の人《ひと》が集《つど》い、話《はな》しあいをする国際連合《こくさいれんごう》（国連《こくれん》）をつくりたい、という夢《ゆめ》がありました。エレノア夫人《ふじん》は深《ふか》い悲《かな》しみにしずみましたが、亡《な》き夫《おっと》の分《ぶん》まで平和《へいわ》のためにつくそうと心《こころ》に決《き》めます。その年《とし》の10月、念願《ねんがん》の国連《こくれん》が誕生《たんじょう》し、アメリカ代表団《だいひょうだん》の一員《いちいん》にエレノア夫人《ふじん》が選《えら》ばれたのです。

その後《ご》、国連人権委員会《こくれんじんけんいいんかい》の委員長《いいんちょう》に任命《にんめい》され、「世界人権宣言《せかいじんけんせんげん》」のために力《ちから》をつくします。

だれもが生《う》まれながらに持《も》っている「人権《じんけん》」です。けれども、それがい

じめや差別《さべつ》、そして、戦争《せんそう》や暴力《ぼうりょく》によってふみにじられてしまったのが、これまでの人類《じんるい》の歴史《れきし》です。エレノア夫人《ふじん》は、この悲《かな》しい歴史《れきし》を終《お》わらせようとがんばりました。意見《いけん》の対立《たいりつ》もありましたが、ねばり強《づよ》く、みなの声《こえ》を聞《き》き、何十回《なんじっかい》も話《はな》しあいをかさねました。

そして、1948年12月10日、国連総会《こくれんそうかい》で「世界人権宣言《せかいじんけんせんげん》」が多《おお》くの国《くに》の賛成《さんせい》で決《き》まりました。だれもが、かけがえのない大切《たいせつ》な人《ひと》であることを、初《はじ》めて公式《こうしき》に認《みと》めた国際的《こくさいてき》な宣言《せんげん》です。それを世界中《せかいじゅう》の国《くに》と人々《ひとびと》が守《まも》ることになりました。この宣言《せんげん》をもとに、人種差別《じんしゅさべつ》・女性差別《じょせいさべつ》の禁止《きんし》や子《こ》どもの権利《けんり》を守《まも》る決《き》まりができていきました。

エレノア夫人《ふじん》は語《かた》っています。「やる気《き》さえあれば、自分《じぶん》を作《つく》り変《か》えることも、自分《じぶん》の世界《せかい》を作《つく》り変《か》えることも、できる」と。

彼女《かのじょ》のやる気《き》の原動力《げんどうりょく》は「人《ひと》のために」との心《こころ》でした。家族《かぞく》のため、目《め》の前《まえ》の人《ひと》のためにつくすなかで、エレノア夫人《ふじん》の心《こころ》は、国《くに》のため、世界《せかい》のため、まだ会《あ》ったことのない人《ひと》のためにと、大《おお》きく広《ひろ》がっていったのです。

私《わたくし》たちSGI《エスジーアイ》も、一人《ひとり》の生命《せいめい》は全宇宙《ぜんうちゅう》の宝《たから》よりも尊《とうと》いという信念《しんねん》に立《た》って、平和《へいわ》な地球《ちきゅう》を目指《めざ》し、スクラムを組《く》んでいます。この信念《しんねん》に共鳴《きょうめい》するエレノア夫人《ふじん》の親《しん》せきの方《かた》からは、夫人《ふじん》の遺品《いひん》である署名入《しょめいい》りの本《ほん》や手紙《てがみ》、写真《しゃしん》をお届《とど》けいただきました。

一人《ひとり》また一人《ひとり》と友情《ゆうじょう》を結《むす》び、相手《あいて》の立場《たちば》に立《た》って考《かんが》え、行動《こうどう》していった時《とき》、私《わたくし》たちの「生命《せいめい》の力《ちから》」は無限《むげん》に拡大《かくだい》します。その力《ちから》を引《ひ》き出《だ》していく

のが、題目《だいもく》です。

さあ、きょうも、題目《だいもく》を響《ひび》かせて、きのうの自分《じぶん》より一歩前進《いっぽぜんしん》しよう！

君《きみ》の未来《みらい》も、あなたの未来《みらい》も、そして人類《じんるい》の未来《みらい》も、すべて自分自身《じぶんじしん》の心《こころ》の中《なか》にあるのだから！

※エレノア・ルーズベルトの言葉は、エリノア・ルーズベルト著『生きる姿勢について―女性の愛と幸福を考える―』佐藤佐智子・伊藤ゆり子訳（大和書房）。一部表記を改めました。引用および参考文献は、『エリノア・ルーズヴェルト自叙伝』坂西志保訳（時事通信社）、デイビッド・ウィナー著『伝記　世界を変えた人々18　エリノア・ルーズベルト』箕浦万里子訳（偕成社）ほか。

絵・本間幸子

池田大作（いけだ・だいさく）

1928年（昭和3年）、東京生まれ。創価学会名誉会長。創価学会インタナショナル（SGI）会長。創価大学、アメリカ創価大学、創価学園、民主音楽協会、東京富士美術館、東洋哲学研究所、戸田記念国際平和研究所などを創立。世界各国の識者と対話を重ね、平和、文化、教育運動を推進。国連平和賞のほか、モスクワ大学、グラスゴー大学、デンバー大学、北京大学など、世界の大学・学術機関の名誉博士・名誉教授、さらに桂冠詩人・世界民衆詩人の称号、世界桂冠詩人賞、世界平和詩人賞など多数受賞。著書は『人間革命』（全12巻）、『新・人間革命』（全30巻）など小説のほか、対談集も『二十一世紀への対話』（A・J・トインビー）、『二十世紀の精神の教訓』（M・S・ゴルバチョフ）、『平和の哲学　寛容の智慧』（A・ワヒド）、『地球対談　輝く女性の世紀へ』（H・ヘンダーソン）など多数。

希望の虹
世界の偉人を語る

発行日　二〇一九年七月三日

著　者　池田大作
発行者　松岡　資
発行所　聖教新聞社
〒一六〇―八〇七〇
東京都新宿区信濃町一八
電話　〇三―三三五三―六一一一（大代表）

印刷・製本　図書印刷株式会社

定価は表紙に表示してあります
ISBN978-4-412-01655-2